통일한국의 어린이 영양

서울대학교통일학연구총서 7

통일한국의 어린이 영양

펴낸곳 서울대학교출판문화원
펴낸이 이장무
지은이 이연숙 · 윤지현 · 심재은 · 장수정

초판 1쇄 인쇄 2010년 4월 15일
초판 1쇄 발행 2010년 4월 20일
출판등록 제15-3호

주소 서울 관악구 관악로 599 우편번호 151-742
대표전화 02-880-5252 **팩스** 02-888-4148
마케팅홍보부(주문상담) 02-889-4424, 02-880-7995
이메일 snubook@snu.ac.kr
홈페이지 www.snupress.com
영문홈페이지 eng.snupress.com

ISBN 978-89-521-0963-7 94300
978-89-521-1029-9 (세트)

서울대학교통일학연구총서 7

통일한국의 어린이 영양

이연숙 · 윤지현 · 심재은 · 장수정 지음

서울대학교출판문화원

Child Nutrition of the Unified Korea

Yeon-Sook Lee

Jihyun Yoon

Jae Eun Shim

Soojeong Jang

Seoul National University Press

서울대학교통일학연구총서를 내면서

냉전체제가 와해되고 남북교류가 증대하면서 21세기 한반도의 창조적 미래구상이 절실히 요청되고 있다. 우리의 희망과는 달리 남북관계는 여전히 불안정하고 국제정세 또한 유동적이지만, 상호적대적인 분단체제는 더 이상 유지되기 어려운 상황임이 분명하다. 민주화와 경제발전을 성공적으로 이룩한 우리 사회의 역량을 바탕으로 통일한국의 미래를 기획하고 추진하는 일이 핵심적인 시대적 과제로 부각되고 있다.

어떤 형태의 통일이 바람직할 것인가에 대해 완전한 합의를 얻기는 쉽지 않다. 통일이 이루어질 시기를 예측하기도 어려우며, 통일과정이 반드시 점진적이거나 평화적일 것이란 보장도 없다. 우리가 원치 않는 방식으로 통일 문제에 맞부딪치게 될 가능성도 얼마든지 있다. 그럼에도 불구하고, 아니 그렇기 때문에, 통일에 대한 연구는 더욱 총체적인 시야에서 체계적으로 이루어져야 한다. 실제로 통일과정에 돌입했을 때 그 전 과정을 적절히 관리할 역량이 갖추어지지 못하면 오히려 심각한 갈등과 후유증을 겪을 우려가 크기 때문이다.

통일논의가 구체화되고 정책적 실현가능성이 높아지면 질수록 그에 적합한 전문성과 책임성을 갖추기 위해 노심초사해야 하는 것이 한국 지식인의 책무일 것이다. 반세기 이상 남북한 주민들이 경험해 온 상이한 제도와 관행을 적절히 통합하고 전쟁의 상처와 오랜 대립에서 비롯되는 적대감과 이질성을 극복하기 위해서는 고도의 전문성과 기획력이 무엇보다도 필요하다. 한반도 통일을 바람직한 동북아 지역질서와 연계시키고 보다 나은 공동체를 구현하는 일도 지식인들의 높은 식견과 섬세한 대응역량이 없이는 불가능하다.

서울대학교는 2003년부터 통일학 연구 지원사업을 시작하였고, 우리 사회의 지적 대응능력을 키우는 데 진력하고 있다. 서울대학교의 통일연구사업은 북한에 대한 지역연구 차원을 넘어서 통일과정 전반에서 고려되어야 할 쟁점들을 학제적으로 분석하는 데 목적을 둔다. 따라서 정치, 경제, 사회, 역사, 문화, 환경의 영역은 물론이고 농학과 의학, 과학기술과 예술 및 체육에 이르기까지 광범위한 영역을 포괄한다. 이 일을 총괄하는 서울대학교 평화통일연구소는 국내외의 연구기관 및 연구자들과 교류하면서 종합학문으로서의 통일학을 정립하고자 애쓰고 있다.

서울대학교 통일학연구총서는 이러한 학문적 노력의 결실이다. 이 총서가 우리 시대 최대의 과제인 분단극복과 통일한국을 향한 역사적 장정에 긴요한 지적 자산이 되기를 기대한다. 또한 소모적인 이념 논란을 지양하고 창조적인 대안과 정책적 지혜를 탐색하는 이성적 도구로 활용되기를 바란다. 끝으로 통일연구의 시대사적 중요성을 인식하고 서울대학교 통일연구사업의 제도적 바탕을 마련해 주신 정운찬 전 총장님과 변함없이 이 연구사업을 지원, 격려해 주시는 이장무 총장님께 깊은 감사를 표한다.

2006년 8월

서울대학교 통일평화연구소 출판위원회

머리말

북한 주민의 식량부족 문제와 영양불량 상태에 관한 잦은 매스컴의 보도는 어려운 처지에 놓인 이웃동족에 대한 연민을 느끼지 않을 수 없게 한다. 특히나 미래 통일한국의 국가건설과 발전의 주역이 될 어린이의 건강, 영양상태뿐 아니라 식생활 문제에 대한 남북한의 많은 차이점을 염려하지 않을 수 없다.

본 연구진은 2005년도와 2006년도의 2년간에 걸쳐 북한 어린이의 식생활과 영양상태에 대한 깊은 관심을 가지고, 서울대학교 평화통일연구소의 통일학연구비 지원을 받아 관련 자료를 수집할 기회가 있었다. 다행히 연구진 일부가 직접 북한을 방문하여 어린이의 영양, 건강 문제와 실상을 파악할 수 있는 기회도 가졌다.

본 서는 2년간의 연구내용인 남북한 어린이의 성장발달과 영양 그리고 영양정책 등의 식생활 관련 자료를 비교 분석한 연구를 기반으로 하였으며, 특히 2006년도의 연구주제인 통일 이후의 "어린이 영양정책 수립을 위한 기초연구"의 결과보고서를 근간으로 하여 집필되었다. 통일 이후 남북한 어린이의 식생활 문제와 영양상태의 격차를 최소화하고 가장 적절하면서도 효율적인 영양정책수립에 필요한 수많은 공식적인, 비공식적인 정보를 총망라하여 수집, 정리하였다.

연구기간이 종료된 2007년 이후에도 남북한의 급격한 사회적 변화에 따라 식생활 관련 상황과 정책도 많은 변화를 겪고 있음은 말할 것도 없다. 본 연구진은 남북한 주민 특히 통일한국의 역군이면서도 영양취약군에 속하는 북한 어린이 영양문제에 지속적인 관심을 집중할 것이며, 새로운 정보를 제공하는 데 노력할 것이다.

그동안 공식적인 또는 비공개된 자료를 수집하는 데 많은 도움을 주신 UNICEF를 비롯한 국제기구와 외국 학자들, 대북 영양 보건지원 민간단체 그리고 통일부와 보건복지가족부, 서울대학교 통일평화연구소 등의 관련자 모든 분께 심심한 감사를 표한다.

2010년 4월

저자 일동

차례

제1장

연구 배경과 목적

우리나라는 남북으로 분단된 지 반세기 이상을 지나면서 시대적 변화와 함께 이들 두 곳의 정치, 경제, 사회, 문화뿐 아니라 생활환경과 생활양식에 큰 변화를 겪고 있다. 남과 북의 격차가 날로 커져가지만 통일에 대한 민족의 숙원사업은 변함없이 추진되어 왔으며, 머지않은 미래의 통일한국을 꿈꾸며 각 영역에서 준비해야 할 과제는 산적해 있다. 그중에도 의, 식, 주를 포함하는 생활환경의 차이 때문에 발생하는 개인적 삶의 질의 차이는 어떻게 극복할 것인가? 또 이러한 차이로 발생하는 건강 문제, 식생활과 영양 문제들이 민족의 통일을 가로막는 또 하나의 장벽으로 작용하지는 않을 것인가?에 관한 과제들 또한 관심을 집중해야 할 것들 중 하나다.

식량 문제는 인도적인 차원에서뿐만 아니라 정치적 · 경제적 면에서도 다루어야 할 중요한 이슈다. 특히 남북한 어린이가 미래 통일한국의 국가건설과 발전의 주축으로 역할을 하며, 더불어 복지국가를 공유할 것을 생각할 때 이들의 식생활, 영양, 건강 문제 등은 최우선으로 관심을 가져야 할 과제임이 틀림없다. 즉 남북한 어린이의 영양상태와 문제점을 심층적으로 파악하고, 그 차이를 줄이기 위한 적절한 대책을 강구하는 연구과제는 시급하다.

인간의 성장 발달과정은 여러 유전인자와 환경인자의 상호작용에 따라 이루어진다. 즉 유전, 인종, 성별 등의 유전적 기초 위에 영양, 운동, 생활양식, 사회경제적 여건, 지역별, 시대별 등 많은 환경적 요인이 성장 발달에 관여한다. 유전적으로 잠재된 최대의 성장 발달을 이루기 위한 중요한 요건은 성장기 동안 최적의 영양 상태를 유지하고 양호한 생활환경조건을 갖추어야 한다. 특히 인간의 생애주기에 있어서 성장 초기인 영유아와 아동기는 영양불량에 가장 크게 영향을 받는 중요한 시기다. 그 악영향이 성인 이후 노년기의 만성질환 발병에까지 지속되는 것으로 알려져 있다. 즉 어린 시절의 영양과 건강 상태는 일생의 건강에 영향을 끼치며, 이 시기의 장기간의 영양불량 상태는 기관의 성장 발달과 기능에 불가역적인 장애를 초래할 수 있다(Barker & Godtrey, 2004; 이연숙 외, 2006).

지금까지의 북한 주민의 보건과 식량 사정에 관련된 연구보고에서 절대빈곤과 식량 부족 문제와 북한 당국의 국제적 지원 요청은 잘 알려져 있다(UNICEF Pyongyang, 1998; DPRK CBS, 2000, 2002; DPRK CBS & ICN, 2005). 본 연구팀의 선행연구에서도 지속적인 식량 부족에 따른 어린이의 영양 부족과 체격 저하, 모성의 영양불량 상태의 심각성과 국제기구와 남한의 대북 식량지원 프로그램의 제한점에 대해서 보고한 바 있다(윤지현 외 2007). 한편 남한 어린이의 영양 과다와 부족의 양극화, 식행동 변화, 먹을거리의 안전성 등 북한의 사정과는 매우 상이한 다양한 양상의 영양 문제를 안고 있다(국민건강 · 영양조사 결과보고서, 1999, 2002, 2006).

이러한 남북한의 식생활 환경과 영양상태 및 문제점의 큰 차이는 국가경제력을 포함한 어떤 격차보다도 개인의 삶의 질에 더 크게 영향을 미칠 것이다. 이는 통일 후 주요 보건 · 영양 문제로 발전할 가능성이 높으며, 이에 대한 대책 마련이 시급하다. 만성적인 빈곤과 영양결핍은 성장 발달을 저해하고, 체력과 인지능력을 약화시킨다. 또한 질병에 대한 방어능력 저하, 만성질환 위험요소 증가 등으로 미래사회 발전의 원동력인 건강한 인력 확보에 가장 큰 악영향을 끼치게 된다.

개인의 영양과 건강 문제를 해결하기 위해서는 개인과 가정의 노력뿐 아니라 국가와 지역사회의 협력지원체계가 중요한 수단이다. 그러나 어린이의 경우 독립적인 식생활의 영위가 어렵기 때문에 국가와 지역사회의 정책에 더 의존한다. 따라서 많은 국가에서 우선적으로 어린이 영양문제에 관심을 집중하고, 어린이 건강을 위한 영양정책 마련에 심혈을 기울이고 있다. 특히 북한과 같은 사회주의 체제에서는 개인의 노력보다는 국가적인 정책이 더 효율적이다. 따라서 북한 어린이 영양상태를 개선하고 남한의 어린이와 동등한 식생활을 영위할 수 있도록 종합적이고 체계적인 영양정책과 실행 프로그램을 개발하는 것이 급선무가 될 것이다.

북한사회의 식생활 환경은 북한 내의 정세 변화뿐 아니라 남한과 국제관계의 변화에 따라서도 직접적으로 크게 영향을 받아 왔기 때문에, 이와 같이 매우 불안정한 상태에서 영양 문제를 비교적 정확하게 파악하고 전망하기란 쉽지 않다. 1990년대 들어서 북한의 식량 문제와 경제 상황의 위기감이 국제적으로 관심을 불러일으켰고, 1998년 처음으로 국제연합아동기금(United Nations Children's Fund, UNICEF)과 같은 국제기구의 주도로 북한 전역에서 어린이 영양조사를 실시했다. 그 후 2년마다 국제기구의 기술지원 또는 북한 독자적으로 어린이 영양조사를 수행하였다. 그러나 측정 자료나 평가지표가 보고서마다 다르고 미흡하여 어린이의 식생활과 영양상태의 변화 추이를 분석하기에 제약이 많았다. 또한, 지금까지 2000년 이후의 북한 주민의 식생활과 영양 문제에 대해 보고한 문헌들은 이러한 보고서의 결과를 전달하는 정도로서 포괄적이고 전반적인 분석과 검토는 미진한 실정이다.

본 연구에서는 최근까지의 조사보고서를 종합하여 이를 토대로 북한 어린이의 영양상태를 파악하고, 통일 후 미래 남북의 통합세대의 주체가 될 어린이의 영양개선 문제는 통일 전에 선결해야 할 시급한 과제임을 강조하였다. 첫째, 북한의 어린이의 영양 · 건강 문제와 영양관련 법령과 정책을 심층적으로 파악하고, 둘째, 남한의 그것들과 비교 분석을 시도하였으며, 셋째, 세계 여러 나라의 영양정책 검토와 통일 독일의 사례를 제시하였다. 마지막으로 통일 이후 남북한 어린이의 영양문제의 전망과 대책을 제안함으로써, 통일 후 어린이 영양정책 수립에 필요한 정보와 기초 자료를 제공하고자 하였다.

제2장
연구 자료

1. 문헌

1) 북한 관련 문헌

(1) 북한의 어린이 식생활과 영양 문제

북한의 어린이 식생활과 영양상태는 국제기구의 기술지원을 통해 수행된 북한 당국의 영양조사보고서(UNICEF Pyongyang, 1998; DPRK CBS, 2000, 2002; DPRK CBS & ICN, 2005), 국제기구의 북한 상황조사와 연차보고서(각 기구 홈페이지), 북한에서 발간되는 학술지와 한국농촌경제연구원의 『KREI 북한농업동향』, 한국개발연구원의 『KDI 북한경제리뷰』 등을 참고하였다. 북한의 어린이 식생활 실태에 대해 보고된 내용은 충분치 않으며 전반적인 식량수급 실태와 영양조사를 통해 확인된 가구 내 식량 사정을 통해 추정하였다.

북한의 전국규모의 어린이 영양조사는 1998년이 처음이며 이전까지는 소규모의 지역적 연구와 관찰보고들이다. 1998년 이후 2년마다 어린이 영양조사를 실시하고 있으나, 2000년과 2006년에는 북한이 국제기구의 기술지원을 거부하고 독자적으로 수행하였으며 2006년도 조사는 아직 정식보고서가 제출되지 않은 상태다. 본 연구에서 수집된 자료들의 대부분이 원 데이터보다는 가공된 것이기 때문에 북한 주민과 어린이의 식생활과 영양 실태를 파악하기에는 제약이 많았다. 연구에 참고한 각 문헌의 성격과 내용에 대한 설명은 아래와 같다.

① 북한 당국과 국제기구의 영양상태 조사 보고

북한에서 수행된 전국규모의 주요 조사 중 식생활과 영양상태 조사를 포함하는 것으로는 'DPRK National Nutrition Survey(NS)'와 'Multiple Indicator Cluster Survey(MICS)'가 있으며, 그 내용은 표 2-1과 같다. 본 연구에서는 이에 대한 보고내용을 통해 식생활 실태를 분석하였다.

NS와 MICS의 경우 전국 규모의 확률표본을 추출하여 조사했으나 총 212개 군 중 접근이 가능한 일부 지역을 대상으로 표본을 추출하였기 때문에 북한지역을 대표하는 자료로 보기에는 제한이 있다. 조사의 표본으로 선정된 군에서 그 군의 규모와 상관없이 일정한 수의 가구를 추출하였기 때문에 전국평균을 산출할 때는 가중치를 두어 환산하였다. 그러나 연도별 영양조사 대상 어린이의 연령에 다소 차이가 있음을 자료의 해석시 고려해야 한다. 표 2-2는 NS와 MICS에 참여한 대상 어린이의 연령을 연도별로 제시하였다.

가. WFP Nutrition Assessment 1997

국제영양학자로 구성된 세계식량계획(World Food Programme, WFP) 조사팀은 국제연합 식량농업기구(Food and Agriculture Organization, FAO), UNICEF, Save the Children Fund(SCF)의 지원과 홍수재해구조위원회, 보건성, 어린이 영양관리연구소 등 북한 당국의 협조를 받아 1997년 8월 영양조사를 수행하였다. 이 조사에서는 4개도 18개 군에서 선정된 총 40개의 탁아소와 유치원에 재원 중인 6세 이하 아동 3,965명을 대상으로 영양 상태 조사를 실시하였다. 이 조사는 북한 당국이 선정한 일부 시설을 대상으

표 2-1 북한에서 수행된 주요 조사의 식생활 및 영양 상태 관련 내용

조사구분	조사내용
1998 MICS[1] I	• 세대 내 설문조사: 6개월에서 7세 미만 어린이와 15세에서 49세 결혼한 여성을 대상으로 성별, 출생일, 탁아 유형 • 식수와 위생: 식수 주요 공급원, 식수 공급원까지의 거리, 식수를 얻는 데 걸리는 시간, 화장실 시설 유형 • 교육 정도: 7세에서 16세 어린이 대상 • 산모의 건강: 15세에서 49세 여성 대상. 출산 후에 관한 질문 • 모유수유: 2세 미만 어린이 대상. 모유수유율, 이유식 시작 연령 • 설사: 5세 미만 어린이 대상. 지난 2주 안에 한 번 일어났다면, 설사증에 대한 관리 • 일반건강: 5세 미만 어린이 대상으로 지난 2주 안에 열병, 기침, 코흘림 등의 증상이 있었는지, 7세 미만 어린이 대상으로 갑상선종이 있었는지 • 영양 상태: 5세 미만 어린이 대상으로 회상법을 이용한 식품섭취내용 조사, 6개월에서 7세 어린이와 임산부 대상으로 헤모글로빈 측정하여 빈혈유병률 • 면역능력: 12개월에서 23개월 어린이의 백신 접종 • 출생 시 체중: 5세 미만 어린이 대상
1998 NS[2]	• 어린이의 성별, 연령(출생일), 체중, 키, 부종 여부
2000 MICS II	• 유아와 5세 미만 영아사망률 • 교육 정도 • 식수 공급과 위생 상태: 식수 안전성, 공급 시설에 따른 식수의 질, 화장실 위생 상태 • 어린이 신체계측(체중, 키) • 모유수유: 모유수유율, 반고형 식품 섭취율 • 가구별 사용 소금의 요오드 함량 • 비타민A 투여 • 출생 시 체중 • 면역: BCG, DPT 예방 접종 • 설사 • 급성 호흡기 감염 • 임산부 보호소 • 출산 보조: 의사, 간호사, 조산사 • 출생등록
2002 NS	• 인구학적 조사: 거주 지역, 가족 수, 연령 등 • 영유아 보건 설문: 2세 미만 어린이를 둔 어머니 조사, 모자의 건강 상태, 비타민A 투여, 모유수유, 질병 시 관리방법, 예방접종(BCG, DPT) • 어린이 영양 상태: 7세 미만 어린이 신체계측 • 가임기 여성 영양 상태: 2세 미만 어린이를 둔 어머니 상완위와 헤모글로빈 측정, 식품섭취빈도 • 가구 내 식량 사정: 세대 내 저장하고 있는 식품

표 2-1 계속

조사구분	조사내용
2004 NS	• 기본 인구사회학적 정보 • 세대별 식수 공급과 위생시설 현황 • 가구 내 식량 사정: 조사 전 6개월 동안 가구 내 식품섭취 현황(14개 식품군의 섭취 횟수) • 가구별 사용 소금의 요오드 함량 검사 • 모자보건 설문: 임신 출산 관련 기록, 2세 미만 어린이의 출생 체중과 신장, 2세 미만 어린이의 조사 6개월 전 기간의 비타민A 투여 여부, 2세 미만 어린이의 현재 수유 상태, 영아사망률과 환자에 대한 치료 기록, 어린이 예방접종 형태 및 횟수 • 가임기 여성 영양 상태: 2세 미만 어린이를 둔 어머니의 식품섭취빈도, 신체계측(신장, 체중, 상완위), 헤모글로빈 농도 • 어린이 영양 상태: 신체계측(신장, 체중)

주 1) Multiple Indicator Cluster Survey
2) DPRK National Nutrition Survey

표 2-2 DPRK National Nutrition Survey(NS)와 Multiple Indicator Cluster Survey(MICS)의 조사대상 어린이 규모와 연령

연도	NS		MICS	
	월령	대상자수	월령	대상자수
1998	6~84개월	1,887	6~84개월	1,887
2000	–	–	59개월 이하 (5세 미만)	4,175
2002	84개월 이하 (7세 미만 및 84개월)	5,991	–	–
2004	71개월 이하 (6세 미만)	4,800	–	–
2006	0~5세(6세 미만)	미확인	–	–

로 수행한 것이기 때문에 대표성은 부족하다. 그러나 북한의 인도적 지원 요청 이후 북한 영양 상태에 대한 상황 분석에 있어서 현장방문을 통한 단순 관찰과 북한 당국이 제공하는 자료에 의존하던 상태에서 북한에서 수행된 대규모 조사였다. 이 조사에서 북한에 만연된 어린이 영양불량의 심

각성이 확연히 드러났다.

나. The Multiple Indicator Cluster Survey in the Democratic People's Republic of Korea

아동권을 위한 세계정상회의에서 1990년 아동을 위한 행동계획과 선언(Declaration and Plan of Action for Children)을 통해 아동의 안녕과 복지를 위해 2000년까지 달성하고자 하는 7개 주요항목과 20개 세부항목을 채택하였다. MICS는 UNICEF 주관 하에 참여하는 국가들의 목표와 행동계획에 따른 10년간의 결과평가와 중간평가(그 사이 5년)를 위해 수행하는 조사다. UNICEF는 다른 국제기구와 협력해 아동의 상황을 평가하는 75개 지표를 개발하여 1995년 첫 번째 MICS를 수행하였다.

북한은 1990년 9월 아동권 협약에 가입하고 같은 해 개최된 세계정상회의의 아동을 위한 행동계획과 선언에 서명하였으며 2000년까지 달성하고자 하는 목표의 국가행동계획(National Plan for Action)을 제출하였다. 그러나 북한에서는 1998년에야 첫 번째 MICS(MICS I)를 수행하였다. 북한 보건성과 중앙통계국이 UNICEF, WFP, 유럽연합(European Union, EU)의 협력을 받아 국가행동계획의 추진 상황을 평가하였다. 2000년에 두 번째로 수행된 MICS(MICS II)에서는 각 목표의 달성도 평가와 차기 국가행동계획을 위한 자료 수집을 목적으로 했는데, 북한 중앙통계국과 보건성만이 참여하였다.

MICS I의 조사내용은 식수 및 위생, 교육, 모성건강, 모유수유, 아동의 일부 질병 유병률, 설사병관리, 요오드 결핍, 식사섭취, 예방접종, 빈혈, 저체중 출산 등이다. 조사대상은 북한 전역 212개 군 중 접근이 허용된 130개 군에서 30개 군을 추출 후 군마다 4개의 리/동을 추출하고 각 30개 가구를 추출하여 총 3,600가구를 선정하였다. 조사대상 가구 중에는 15~49세 기혼 여성 2,957명, 7세 미만 아동 1,887명, 7~17세 학령기 아동 2,319명이 포함되었다. 조사는 1998년 9~10월에 실시했다.

MICS II는 MICS I과 같은 방법과 규모로 수행되었는데 조사대상가구 중에는 15~49세 여성 3,613명과 5세 미만 아동 4,175명이 포함되었으며 조사 대상 전원이 조사에 응했다. 조사내용은 영아 및 5세 미만 사망률, 교육, 식수 및 위생, 어린이 영양불량, 어린이 건강, 출산관련 보건 문제, 아동권에 관한 내용 등으로 구성되어 있다. 이 중 어린이 영양불량 문제에 대해서는 5세 미만 아동을 대상으로 신체계측을 통한 성장지연 평가, 모유수유, 요오드 강화 소금 섭취, 비타민 A 보충, 저체중 출생비율 등을 조사하였다.

다. DPRK National Nutrition Survey

이 조사는 북한에 대한 인도적 지원의 초기 단계에서 식량지원과 기반 구조의 재건을 위해 수행되는 여러 사업의 계획과 효과적인 수행을 위한 기초자료 제공과 인도적 지원에 대한 모니터링을 위해 수행되고 있다.

1998년에 시행된 첫번 영양조사에서는 신체계측조사를 중심으로 진행되었으며 UNICEF, WFP, EU의 협력을 받아 MICS I와 동시에 수행되었다. 이후 2년마다 수행되는 것을 원칙으로 하였으나 2000년도에는 북한 당국이 중앙통계국을 중심으로 단독으로 수행한 MICS II에 신체계측조사를 포함하여 조사하였다. 2002년 이후 영양조사는 UNICEF와 WFP의 요구에 따라 신체계측 조사 외에도 MICS의 조사지를 기초로 영양과 관련 내용만을 선별하여 영유아의 성장지표, 모유수유 실태, 조사 전날 하루 동안 섭취한 식품 등을 조사하고 가구의 식품섭취 실태(섭취빈도와 취득경로)에 대한 조사를 추가했다. 또한 가임기 여성의 영양상태 평가를 위해 2세 미만 영유아 자녀가 있는 여성의 체중, 상완위, 헤모글로빈 농도를 측정하였다.

실제 영양조사에는 UNICEF 등의 감독과 기술지원을 받아 북한의 보건성, 중앙통계국, 어린이 영양관리연구소가 참여하고 있다. 지난 2000년도와 마찬가지로 2006년에도 북한은 국제기구의 협력을 거부하고 단독 수행을 통보하였다. 북한 어린이 영양관리연구소 관계자와의 면접을 통해 2007년 3월 2일 현재 2006년 조사를 시행하지 못한 것으로 파악되었으나,

UNICEF 관계자와의 면접을 통해 확인한 결과 2006년 11월에 시행된 영양조사의 결과로서 몇 가지 지표에 대한 유병률과 분포가 기재된 문서가 제출되었다고 하였다. 그러나 이 자료의 신뢰성에 대한 평양 UNICEF의 입장은 부정적이다. 조사수행 여부에 대한 의문과 조사가 실제 시행되었더라도 자료의 질 관리 측면에서 신뢰할 수 없기 때문에 공식적으로는 이 결과 보고를 사용하지 않고 있다. 평양 UNICEF 관계자는 2008년 북한의 인구조사가 예정되어 있어 차기 영양조사는 2009년에나 가능한 것으로 전하였으며, 평양 UNICEF 내에서는 2004년 조사가 이제까지의 영양조사 중 조사내용이나 자료의 질 측면에서 가장 의미 있는 자료로 평가하고 있다.

② 국제기구의 북한 상황 조사와 연차보고서

가. Report on the Nutrition Situation in the Democratic People's Republic of Korea(UN SCN, 1997)

국제연합 산하 영양위원회(UN Sub-Communities on Nutrition, UN SCN)는 'WFP Nutrition Assessment 1997' 조사와 소규모 현장방문 보고 내용을 토대로 인도적 지원 초기 북한의 상황을 종합적으로 분석하였다. 이 보고서는 식품 안정성, 영양, 보건, 인도적 지원 필요성 평가 등을 다루고 있으며 이 시기 북한의 영양과 식량 상황에 대해 불충분하고 상충되는 정보들을 정리하여 북한 상황의 이해를 돕고 지원 방향에 대한 논의를 이끌어내고자 하였다.

나. Analysis of the Situation of Children and Women in the Democratic People's Republic of Korea(UNICEF DPRK, 2003, 2006)

UNICEF는 북한의 어린이와 여성이 처한 상황분석 보고서를 주기적으로 작성하고 있다. 영양과 건강 문제는 전 생애를 통해 노출되는 여러 가지 요소들에 의해 발생한다는 점에서 생애주기를 따라 접근하는 방법이 새로운 전략으로 제기되고 있다. 2003년 보고서에서도 이와 같은 접근방법을 따르고 있으며, 북한에서 행한 세 차례의 영양조사 결과를 토대로 과학적 근거에 기초한 접근방법을 적용했다는 점에서 의미가 있다. 2006년 보고서는 2003년 보고서와 2004년에 행한 영양조사결과를 반영하여 보완한 것이다. 보고서의 내용은 북한 상황, 태아 및 영유아기, 학령기, 성인기 여성으로 구성되어 있다.

다. FAO/WFP Crop and Food Supply Assessment Mission to DPRK(FAO & WFP, 2000, 2002, 2004)

FAO/WFP는 북한에 인도적 지원이 지속되는 기간 매년 두세 차례 식량평가단을 파견해 북한의 식량생산과 소요량 추정 등을 통해 예상 부족량을 산출하여 식량 상황에 대한 평가결과를 보고해 왔다. 이러한 식량 상황은 현지 방문을 통한 조사와 북한 당국이 제공하는 수급자료 등을 통해 파악된다. 매년 수확이 끝난 후 다음해의 식량수급 상황의 예측결과를 10~11월경 보고하고, 겨울~봄 간 재배하는 밀, 보리, 감자를 수확한 후 7월경에 개정 보고서를 작성한다.

라. 기타 보고서

이 밖에 통합 호소 절차를 통한 인도적 지원이 이루어지는 동안 기금 모금을 위해 북한의 상황과 지원 규모 등을 분석하여 제공하는 국제연합 인도주의사업 조정사무소(United Nations Office for the Coordination of Humanitarian Affairs, OCHA)의 *CAP report*, 북한 내 상주하는 국제연합 산하기구의 사업조정과 지원을 위해 북한에 상주하는 국제연합 개발그룹(United Nations Development Group, UNDG)의 *Resident Coordinator Annual Report*, 농촌경제연구원의 『KREI 북한농업동향』, 한국개발원의 『KDI 북한경제리뷰』 등을 참고하였다.

③ 대북 지원 민간단체의 홈페이지

북한 현지에서 각종 지원과 개발 사업을 하고 있는 '좋은 벗들' 과 같은 민간단체의 홈페이지에서 제공하는 현지 상황에 대한 정보를 참고하였다.

(2) 북한의 어린이 영양정책

북한의 영양정책 자료 자체가 매우 드문 상황에서 어린이 영양정책의 자료만을 구분하여 연구하는 것이 의미가 없다고 판단해, 범위를 어린이 영양정책에 한정하지 않고 영양정책에 관련된 모든 자료를 포함하도록 하였다.

북한의 식생활 및 영양관련 기구와 정책은 통일부에서 발행하는 『북한 이해』(통일부 통일교육원, 2007)에 수록된 권력기구체계와 과학기술행정체계를 참고하였고, 북한의 법령은 『조선민주주의 인민공화국 법전』을 참고하였다(법률출판사, 2004, 2006). 북한의 영양정책 관련 내용을 알아보기 위해 한국과학기술정보연구원(KISTI)에서 운영하는 북한과학기술네트워크(NK테크)[1]가 제공하는 『조선중앙통신』, 『노동신문』, 『김일성 저작집』, 『김정일 선집』, 『조선중앙연감』 등의 자료를 대상으로 생명, 의료, 보건의 주제로 검색하였다. 또한 한국농촌경제연구원에서 제공하는 『노동신문』과 『민주조선』의 식량관련기사를 분류하여 최근 동향을 살펴보았다.

이밖에 북한과학기술네트워크에서 제공하는 북한 학술지를 통해 영양 연구 동향을 살펴보았다. 북한과학기술네트워크에서 제공하는 북한 학술지 정보는 북한에서 발간하는 핵심학술지 17종에 수록된 과학기술정보 관련 문헌으로 1991년 이후 발간된 학술지에 게재된 논문의 원문 전체를 수록하고 있다. 본 연구에서는 이 중 영양관련 분야로 『예방의학』, 『위생방역』, 『조선의학』, 『기초의학』 4종을 검색하였다. 최근의 영양과 식품 연구 동향은 『과학의 세계』 2006년 각 월호를 통해 살펴보았다.

---

1 http://www.nktech.net

국제기구의 대북 영양지원정책과 구체적인 사업 현황에 대해서는 UN과 대북 영양지원사업에 주도적인 역할을 담당하고 있는 상주기구를 중심으로 기관별 홈페이지의 자료를 참고하였다. 남한 정부와 민간단체의 정책 방향과 지원현황은 통일부와 각 민간단체가 홈페이지를 통해 제공하는 자료와 『통일백서』(통일부, 2007) 등을 참고로 하였다.

2) 남한 관련 문헌

(1) 남한의 어린이 식생활과 영양 문제

남한의 어린이 식생활과 영양상태는 주로 1998년부터 2005년까지의 국민건강 · 영양조사 결과보고서를 참고하였고, 국민건강 · 영양조사 자료를 심층 분석한 논문도 일부 참고하였다. 또한 한국영양학회, 대한지역사회영양학회와 같은 식품영양 분야 전문 학술단체에서 발간되는 학술지와 남한의 영양 관련 업무를 수행하는 정부기관이 발행한 정책보고서를 검색하였다.

국민건강 · 영양조사는 전 국민의 건강 및 영양상태와 그에 영향을 미치는 의식 및 행태에 관한 광범위한 통계 산출을 목표로 하며 남한의 보건관련 조사 중 가장 규모가 크다. 조사 실시 경과를 종합해 보면, 1970년에 처음 국민영양조사라는 명칭으로 보건복지부가 주체가 되어 조사를 시작해 1995년까지 실시되었고, 이와 더불어, 1989년에는 한국보건사회연구원이 수행주체기관이 되어 국민건강 및 보건의식행태조사를 새로이 실시하였다. 1995년 '건강증진법' 이 제정되면서 법에 근거하여 한국보건산업진흥원이 실시하던 국민영양조사와 한국보건사회연구원이 실시하던 국민건강 및 보건의식행태조사가 통합되어 3년마다 조사를 하기로 하고, 1998년에 처음으로 국민건강 · 영양조사를 실시했다. 2001년 두 번째 조사가 실시되었고, 2004년 세 번째 조사는 보건복지부의 질병관리본부가 조사총괄을 담당하기로 변경되면서 조사시기가 지연되어 2005년 4월에 실시되었다.

국민건강 · 영양조사는 크게 건강설문조사/ 영양조사/ 검진조사의 세 부분으로 나누어지며, 과거 한국보건사회연구원, 한국보건산업진흥원, 질병관리본부 등 여러 기관에서 나누어 하던 것을 2007년에 시행하는 제4기 조사부터는 질병관리본부에서 통합 시행한다. 2005년 국민건강 · 영양조사의 조사 내용은 표 2-3과 같다.

2005년 국민건강 · 영양조사의 표본은 지역과 거주 형태를 고려하여 전국을 대표할 수 있도록 선정된 600개 조사구의 약 4만 3,000명이다. 이 가운데 건강면접조사는 600개 전체 표본 조사구를 대상으로 하고, 검진조사와 영양조사는 다시 1/3을 재추출한 200개 표본 조사구를 대상으로 수행되었다. 세 번에 걸친 국민건강 · 영양조사의 조사규모를 표 2-4에 제시하였다.

표 2-3 2005년 국민건강 · 영양조사의 조사내용

조사구분	조사방법	조사내용
건강조사	개별면접조사	• 질병이환 조사: 만성질환, 주요 질환 관리 • 사고 · 중독조사: 발생원인, 기전, 장소, 손상 유형 • 활동제한 및 삶의 질: 1달간 활동제한일수, 활동제한 기간, 원인, 시각, 청각, 씹기 기능의 제한, 장애인 등록, EQ-5D • 외래, 응급실, 치과, 약국, 한방 등의 사용량, 서비스 만족도, 비용, 치료 지연 및 미 치료 이유 등
	자가기입	• 보건의식 행태조사: 흡연, 음주, 운동, 비만, 안전의식 등
검진조사	이동검진센터 계측과 검진	• 신체계측: 체중, 허리둘레 • 혈압 및 맥박 측정 • 임상검사: 콜레스테롤, 중성지방, HDL-콜레스테롤, 혈당, 간기능검사, B형 간염, 신장기능검사, 빈혈검사 등
영양조사	가정방문 면접조사	• 식품섭취조사: 식품의 섭취횟수 · 섭취량, 식품의 재료 등 • 식생활조사: 규칙적인 식사 여부 · 식품섭취의 과다 여부 등 일반적인 식습관, 외식의 횟수, 영유아의 수유기간 · 이유 보충식의 종류 등 • 식품섭취빈도조사: 주요섭취식품의 1년간 섭취빈도 파악

자료: 한국보건산업진흥원, 2006a

표 2-4 국민건강 · 영양조사의 표본규모

조사구분			표본규모			비고
			표본조사구수	표본가구수	표본인구	
2005	건강조사	건강면접조사	600	13,800	42,780	전 인구
		보건의식행태조사	200	4,600	11,978	만 12세 이상
	검진조사	검진조사	200	4,600	14,060	만 1세 이상
	영양조사	식생활조사/ 식품섭취량 조사	200	4,600	14,060	만 1세 이상
		영아기 식생활조사	200	4,600	1,026	만 1~3세
		식품섭취빈도	200	4,600	11,978	만 12세 이상
2001	건강조사	건강면접조사	600	13,200	37,769	전 가구원
		보건의식행태조사	200	건강면접조사 완료가구	10,368	만 12세 이상
		검진조사	200		12,647	만 1세 이상
	영양조사	식생활조사 I	200		9,718	만 3세 이상
		식생활조사 II	200		250	만 1~2세
		식품섭취빈도조사	200		7,946	만 12세 이상
		식품섭취량조사	200		9,968	만 1세 이상
1998	건강조사	건강면접조사	600	13,200	39,331	전 가구원
		보건의식행태조사	200	4,133	11,289	만 12세 이상
		검진조사	200	3,925	10,876	만 10세 이상
	영양조사	식생활조사 I	200	3,814	11,707	만 3세 이상
		식생활조사 II	200	3,814	367	만 1~2세
		식품섭취빈도조사	200	3,811	10,021	만 12세 이상
		식품섭취량조사	200	3,799	12,023	만 1세 이상

자료: 한국보건산업진흥원, 1999, 2002, 2006a

(2) 남한의 어린이 영양정책

남한의 어린이 영양관련 법령, 기관체계와 업무현황은 법제처와 영양관련 정부기관 홈페이지에서 발췌하였다. 남한의 영양관련 부처로는 국무조정실, 보건복지부, 농림부, 행정자치부, 교육인적자원부가 있고 소속기관으로는 식품의약품안전청, 농촌진흥청, 교육청, 지자체 관련 부서가 있으며 국무총리실 산하의 정부출연연구기관인 한국보건사회연구원, 한국식품연구원과 보건복지부 산하의 한국보건산업진흥원 등과 같은 연구기관이 있다.

다음으로 영양정책관련 제도체계 및 정책현황에 관한 자료는 각 기관 홈페이지와 홈페이지에서 제공하는 연구 보고서 등을 검색하여 정리하였다. 또한 2006년과 2007년에 식품의약품안전청, 대한영양사협회, 대한지역사회영양학회에서 주최한 어린이 영양정책 관련 공청회, 전문가포럼과 학술대회 발표논문집을 참조하였다. 어린이대상 영양지원사업 현황에 대해서는 보건복지부 보도자료와 보건복지부에서 발간하는 보건복지백서와 기관별 홈페이지의 통계자료를 참고하였다.

3) 제 외국 관련 문헌

국제기구와 일본, 미국 관련 문헌은 해당 기구 및 국가의 영양정책 관련 홈페이지의 문서를 참조하였다. 독일 관련 문헌은 영어권 학술지 중 'German(y)', 'Unification', 'Nutrition', 'Health' 등의 검색어를 이용하여 찾은 문헌과 자료수집 당시 차기 세계영양학회 회장이 추천한 문헌을 주로 참조하였다. 또한 서면 인터뷰에 참여한 독일 영양학자가 추천한 독일 문헌의 일부를 번역하여 연구에 이용하였다.

2. 전문가 면담과 회의

문헌연구 외에 대북 영양지원사업에 직접 참여하는 관련자나 영양과 식생활 실태에 관한 전문가들과의 면담을 통해 자료수집과 실태 파악을 하였다. 총 6회의 대면 면접과 1회의 서면 면접을 실시하였다. 북한 어린이 영양관리연구소 연구원, UNICEF 평양 부대표와 건강영양팀장, 한국농촌경제연구원의 북한경제 전문가, 통일부 사회문화교류본부 정착지원과 담당자와 면담하였다. 구체적인 면접 일시, 장소, 내용은 표 2-5와 같다.

연구 기간 중 연구진행을 위한 연구진 회의 외에 관련전문가와의 자문

표 2-5 전문가 면담 일정

일시/장소	면접 대상자	면접내용
2007. 3. 2./평양	북한 어린이영양관리연구소 어린이 영양연구실장	북한 어린이의 영양실태
2007. 7. 4./서울	UNICEF 평양 부대표	북한 영양조사 진행 경과 및 내용
2007. 7. 6./서울	UNICEF 평양 건강영양팀장	북한 어린이 영양상태와 지원방안
2007. 8. 13./서울	한국농촌경제연구원 선임연구위원	북한 식량사정과 WFP 지원현황
2007. 9. 8./서울	차기 세계영양학회 회장 겸 비엔나 대학교수	통일 후 독일의 영양문제
2007. 11. 26./평양	통일부 사회문화교류본부 정착지원과 담당자	북한의 식생활 실태
2007. 11. 26./서면 답변	독일 University of Munich 보건영양학자	독일의 통일 전후 영양문제와 영양정책의 변화

표 2-6 심포지엄, 세미나, 회의일정

구분	일시	장소	내용	주제발표
자문회의	2006. 11. 23.	호암 교수회관	UNICEF의 사업 방향	Kyoko Okamura(동경주재 UNICEF 일본 및 남한 사무소 영양전문가)
	2006. 12. 12.	삼청동 용수산	UNICEF의 차기년도 북한 사업 방향 브리핑	Gopalan Balagopal(평양주재 UNICEF 북한 사무소 대표)
공개 세미나	2006. 11. 23.	서울대학교 생활과학대학	UNICEF 영양사업	Kyoko Okamura(동경주재 UNICEF 일본 및 남한 사무소)
	2007. 4. 11.	서울대학교 생활과학대학	북한 아동의 영양실태 및 북한방문 보고	이수경(서울대학교 생활과학연구소) 윤지현(서울대학교 식품영양학과)
공개 심포지엄	2007. 7. 5.	서울대학교 보건대학원	대북 영양 · 보건 사업의 현황과 과제	Michel Le Pechoux(UNICEF 평양 부대표) Ezatullah Majeed(UNICEF 평양 영양 · 건강팀장) 황나미(한국보건사회연구원 보건정책팀장) 심재은(서울대학교 생활과학연구소) 김경희(한국 JTS) 외 5개 민간단체 관련자

회의, 공개세미나, 심포지엄을 개최하였다. 이들의 주요 일정은 표 2-6과 같다. '대북영양 · 보건사업의 오늘과 내일' 이라는 주제로 개최한 공개 심포지엄에서는 평양 UNICEF 부대표 및 건강영양팀장, 한국보건사회연구원 보건정책팀장, 대북 지원사업을 수행하는 주요 6개 민간단체 관련자와 본 연구진이 대북 영양사업의 현황과 발전방안에 대해 논의하였고, 통일부, 보건복지가족부, 한국보건산업진흥원 등 대북정책 및 영양정책과 관련된 주요 부처의 담당자와 전문가들이 참여하였다.

제3장

북한의 어린이 **식생활 실태**와 **영양정책**

1. 북한의 어린이 식생활 실태와 영양 상태

1) 식품 및 영양섭취 실태

(1) 북한의 식량 사정

북한의 주요 곡물은 주식으로 섭취하는 쌀과 옥수수 외에 감자, 밀, 보리 등이 있다. 현재는 제대로 기능을 하지 못하나, 북한에서의 식품 취득은 쌀과 옥수수, 육류, 생선류, 채소류 등을 중앙에서 저가로 제공하는 배급을 통해 이루어져 왔다. 배급규모는 전반적인 식량 사정에 따라 당에서 정한다. 이는 비농촌 지역에 식품을 분배하는 공적분배체계로 보통 한달에 두 번 정도 시행되었다. 1인당 배급량은 나이와 직업에 따라 차등을 두는데, 노동자는 최고 900g/일, 사무직은 최고 450g/일을 받았다. 이 밖에 보육시설과 학교, 병원에도 식량을 분배하며 전체 인구의 37% 가량을 차지하는 공동농장 농부들은 배급 대신 연간 필요량에 따라 경작한 것 중의 일정량을 받았다(UN SCN, 1997).

긴밀한 경제관계를 맺고 있던 소련, 중국, 동유럽의 정세변화는 1990년대에 들어서면서 북한의 경제 사정을 어렵게 했다. 경제 사정의 위축으로

농업생산에 필요한 농자재 투입이 영향을 받았고 이와 함께 현대화된 영농방법과 수출을 위한 지나친 벌목은 토양과 산림을 황폐화하여 농업 및 환경에 문제가 이미 내재해 있었으며 연이은 자연재해로 상황이 악화되었다. 1994년 우박과 1995년 전국 200여 개 군 중 145개 군의 520만 명에게 직간접적인 피해를 준 사상 최악의 홍수가 연이어 발생하여 급기야 극단적으로 폐쇄적이던 북한이 국제사회에 도움을 요청하게 되었다. 추수기를 앞두고 발생한 재해로 인한 농작물, 농지 및 관계 시설의 유실로 이후의 심각한 식량 문제가 야기되었으며, 1996년 또다시 발생한 홍수, 1997년의 가뭄은 식량 사정을 더욱 악화시켰다.

이러한 상황에서 중앙배급제는 점차 위축되었다. 이에 쌀과 옥수수 외에 감자와 같은 식품을 공급하기도 하였으나 전체적인 배급량과 배급 횟수는 감소되었다. 1인 1일당 곡물배급량은 1995년 초 평균 585g(2100kcal에 상당하는 쌀과 옥수수)이었으나 1997년 초에는 평균 100~150g(350~550kcal) 수준을 넘지 못했고 곡물 이외의 식품은 분배하지 못했다(UN SCN, 1997).

FAO/ WFP 보고서와 식량난민 등의 전언을 이용한 한국개발연구원의 분석에 따르면 북한의 식량 부족 상황은 1990년대 초반부터 이미 심각한 수준으로 지역이나 계층에 따라 배급의 중단이나 배급량의 감소가 시작되었고, 중반 이후 전국적으로 확산된 것으로 보고 있다(한승훈, 2002). FAO/ WFP 보고서는 1996년에는 기준 배급량의 절반 수준의 배급만이 가능했고 1997~1999년에는 봄과 수확 전까지 식량 배급을 중단해야 할 상황이었다고 밝히고 있다. 따라서 1996년 말부터 식량은 개인이 자체 해결해야 하는 상황이 되었고, 1995년 이후 외부지원이 시작된 이래 2000년대 이후에는 지원량과 곡물생산량의 증가로 식량배급이 다소 호전되어 왔으나 절대적인 부족 상태인 것에는 변함이 없다(임순희 외, 2006).

식량의 절대적인 부족과 함께 식량에 대한 접근성도 문제가 되고 있다. UNICEF 보고서(2004)에 따르면 곡물주식원은 대부분 식량배급소를 통해 구매하고 있었으나, 콩, 과일, 채소 등은 상거래나 자력생산 등을 통해 자체 해결하고 있으며, 산나물을 채집하여 섭취하는 경우도 많았다. 식량난 초기, 텃밭이나 물물교환, 채집 등이 단기간에 식량배급의 부족분을 대체할 수 있는 좋은 방안이었으나 식량난이 장기화되면서 식량필요량을 충족할 수 있는 방법이 되지는 못하는 것으로 보인다(UN SCN, 1997).

공적 배급체계가 유명무실해지자 북한은 2002년 7월, 7 · 1 경제관리개선조치를 통해 배급제를 폐지하고 국영시장을 마련하여 생필품 가격과 임금을 현실화하였다. 그러나 임금 지급이 제대로 되지 않는 상황에서 물가는 더욱 크게 상승하여 자력생산력이나 주민들 사이에 거래되는 시장인 장마당에서의 구매력을 갖추지 못한 일부 계층은 식량 확보에 매우 취약한 실정이다. 이러한 취약한 계층은 특히 식량 사정이 좋지 못한 동북산간지역과 자력생산이 어려운 비농촌지역, 고아, 장애인, 노인을 수용하는 공공시설 등에 거주한다. 현재 국제기구와 NGO들의 무상지원은 이러한 취약계층을 중심으로 이루어지고 있으나, 2006년 북핵 문제로 국제사회의 지원이 줄어들고 있어 취약계층의 식량 부족 상황에 대한 우려는 한층 높다.

(2) 가정 내 식량 사정

2002년 북한영양조사에서 가정 내 식량 사정을 알아보기 위한 지표로서 조사 대상인 7세 미만의 자녀를 둔 가정에서 저장하고 있는 식품의 종류를 조사하였다. 표 3-1과 같이 거의 모든 가정에서 곡류와 채소류는 확보하고 있었으나 단백질 급원인 두류, 고기, 생선, 난류 등은 상대적으로 보유비율이 낮았으며 평양 및 인접지역과 그 외 지역 간의 편차가 컸다.

가정의 보유비율이 낮은 고기 · 생선 · 난류 등은 저장이 어려워 식품의 보유현황만으로 식량 사정을 판단하기 어렵다. 그러나 표 3-2에서와 같이 동 조사에서 2세 미만의 영유아를 둔 여성이 조사 전날 섭취한 식품 역시 주로 곡류와 채소류로 가정에서 보유하고 있는 식품의 현황과 다르지 않았다. 또한, 두류와 고기 · 생선 · 난류를 섭취한 대상자의 비율이 각각 63.9%와 49.8%였으나 섭취하였더라도 섭취한 양이 적절한지에 대한 문제

표 3-1 2002년 북한영양조사에서 7세 미만의 자녀를 둔 가정에 저장하고 있는 식품(대상자 비율%)

식품군	개성	남포	함경북도	함경남도	평안북도	평양	양강도	함경남도	황해남도	평안남도	전체
곡류 및 전분류	100	99.7	99.6	98.9	98	100	99.6	100	99.6	99.7	99.5
두류	78.8	80.3	63	67.3	76.3	69.4	37.9	40.7	86.1	39.8	69.5
고기/생선/난류	63.6	78.6	45.7	49.6	70.7	66.9	32.2	32.6	26.6	29.4	48.0[1)]
채소류	99.3	96.3	96.8	97.5	100	98	99.8	98.7	98.5	93	97.8
과일류	36.2	39.2	15.3	27.7	30.7	39.2	5.3	37	14.2	10.3	25.5
WFP 강화식품	0.3	1.3	21.3	2.3	8.7	2.2	8.5	7.2	0.2	2.8	5.5

주: 1) 원자료에 전체 비율이 누락되어 있어 지역별 비율의 평균값으로 산출함

자료: DPRK CBS, 2002

가 있기 때문에 실제 섭취 상태는 섭취한 대상자의 비율로 판단하는 것보다 부족한 수준일 것으로 생각된다.

2004년 북한영양조사에서도 가정 내 식량 현황에 대한 조사를 하였으나 전년도의 조사방법과는 차이가 있어 직접 비교하기는 어렵다. 표 3-3에서 보는 바와 같이 2004년도 조사에서도 2세 미만의 영유아 자녀를 둔 여성을 대상으로 식품 종류별로 조사 전날 섭취한 횟수를 살펴보았다. 평균 하루 2회 이상 섭취한 것은 쌀, 담색채소와 녹색잎채소, 유지로 2002년도에 조사한 결과와 유사한 것으로 나타났다. 조사대상자의 일반적인 식사 유형은 쌀 등의 곡물과 채소였다. 채소류의 섭취는 쌀의 평균 섭취횟수보다 높았으며 다른 지역과 달리 황해북도는 쌀보다 기타 곡류의 섭취빈도가 높았다. 새터민 정착을 지원하는 통일부 담당자에 따르면 새터민들이 북한에서 섭취한 주된 식사 형태는 채소와 함께 조리한 곡물죽이었다고 한다.

북한에서는 보통 쌀을 입쌀, 옥수수를 이용하여 가공한 것을 옥수수쌀이라 부르며 제2의 주식으로 섭취하고 있는데, 일반적으로 입쌀과 옥수수쌀을 7:3의 비율로 섭취한다고 한다. 옥수수는 세계적인 잉여농산물로 그 가격이 상대적으로 낮다는 점에서 국제사회의 대북 식량지원 주요 품목

표 3-2 2002년 북한영양조사에서 2세 미만의 영유아 자녀를 둔 여성이 조사 전날 섭취한 식품

식품군	전체 대상자 중 섭취 비율(%)	식품명	해당 식품군 섭취자 중 섭취 비율(%)
곡류 및 전분류	99.5	쌀	89.8
		옥수수	68.2
		기타 곡류	29.2
		감자	46.7
		면	52.4
		기타	12
두류	63.9	대두, 강낭콩 등	69.5
		완두	7.7
		콩제품	49.0
고기/난류/생선류	49.8	고기	46.5
		생선	39.8
		난류	55.6
		기타	2.4
유제품 및 유지	93.9	우유	6.3
		치즈	0.6
		요구르트	0.9
		유지	99.8
채소 및 과일류	98	과일	33.9
		채소	98.5
		야생 열매	14.3
강화식품 및 보충제	24.7	강화식품	38.3
		보충제	70.1

자료: DPRK CBS, 2002

중 하나며 북한 당국도 쌀을 수출하고 옥수수를 수입하는 식량정책을 취해왔다(윤지현 외, 2007; 한승훈, 2002). 오랜 기간 옥수수를 주식으로 해온 북한 주민의 식생활을 고려하지 않을 수 없으나, 옥수수의 니아신 이용성과 필수아미노산의 조성 등으로 볼 때 옥수수를 주식으로 그 섭취비중이 증가하는 것은 영양학적으로 바람직하지 않은 것으로 생각된다. 북한에서 섭취하는 옥수수 가공품 등의 전처리과정이 니아신의 이용성을 높이는 데 적합한 것인지 검토할 필요가 있다.

표 3-3 2004년 북한영양조사에서 2세 미만의 영유아 자녀를 둔 여성이 조사 전날 섭취한 식품의 섭취 횟수

식품군	평양	평안남도	평안북도	황해남도	황해북도	함경남도	함경북도	양강도	전체
쌀 및 그 제품	2.34	2.54	2.00	2.48	1.47	2.43	2.55	1.89	2.21
기타 곡류	1.59	1.47	1.58	1.99	2.10	2.13	1.83	1.52	1.78
감자, 고구마	0.29	0.62	0.27	0.45	0.26	0.73	0.37	2.07	0.67
두류 및 그 제품	0.27	0.32	0.20	0.33	0.27	0.45	0.61	0.34	0.35
육류	0.15	0.10	0.12	0.13	0.11	0.16	0.13	0.08	0.12
생선	0.11	0.25	0.12	0.15	0.11	0.26	0.28	0.06	0.17
녹색잎 채소	2.84	2.92	2.99	3.00	2.85	2.64	2.81	2.43	2.81
녹황색 채소	0.27	1.22	0.25	0.35	0.32	0.38	0.47	0.42	0.46
담색 채소	2.83	2.99	2.97	3.00	3.00	2.95	2.89	2.99	2.95
과일	0.21	0.37	0.22	0.29	0.24	0.29	0.38	0.08	0.26
난류	0.18	0.26	0.15	0.20	0.13	0.19	0.27	0.08	0.18
유제품(버터 외)	0.12	0.57	0.16	0.25	0.23	0.33	0.24	0.14	0.25
유지류	2.20	2.81	1.88	2.47	2.12	1.72	2.78	1.42	2.17
강화식품	0.06	0.52	0.47	0.48	0.52	0.56	0.61	0.79	0.50

자료: DPRK CBS & ICN, 2005

단백질 급원으로서 섭취할 수 있는 식품 중 두류의 섭취빈도가 가장 높았으나 평균 하루에 한 끼니 정도였고, 고기와 생선은 평균적으로 1주에 한 끼니 정도에 지나지 않는 것으로 보였다. 또한 조금 다른 방법으로 해석을 한다면 하루에 한 번이라도 육류를 섭취하는 대상자는 최대 12%에 지나지 않는 것으로 볼 수 있다. 하루에 1~2번 정도는 유지를 사용하는 음식을 섭취하는 것으로 나타났으나 그 범위는 평균 1.42~2.28번으로 지역의 편차가 컸다. 전년도 조사와 마찬가지로 섭취한 분량에 대한 정보가 없어 단정짓기는 어려우나 실제 섭취상태는 섭취한 대상자의 비율로 판단하는 것보다 부족한 수준일 것으로 추정된다. 또한, 조사대상자가 2세 미만의 영유아를 둔 여성임을 고려한다면 이와 같은 섭취상태는 조사대상자뿐 아니라 모유수유를 받는 영유아의 영양상태에도 부정적인 영향을 미칠 것으로 보인다.

(3) 에너지 급원 영양소의 섭취수준

그림 3-1과 그림 3-2는 통계청에서 제공하는 남북한 경제사회상 비교자료를 재구성하여 에너지 급원별 섭취 수준을 분석한 것이다. 통계청의 비교자료는 세계 식량농업기구의 자료 등을 기초로 작성된 것임을 밝히고 있다. 이는 식량수급에 대한 자료로서 실제 섭취량으로 보기는 어렵고 연차적 추이와 남북한 간의 상대적인 비교자료로서만 의미가 있다. 그림 3-1에서와 같이 북한은 식량 문제가 발생하기 전인 1990년과 비교해 볼 때 2000년대 초의 평균 에너지 섭취량은 500kcal 가량 감소한 수준이며 남북한 간의 격차는 더욱 커지고 있다.

식량을 통해 섭취하는 에너지는 식품을 구성하는 탄수화물, 단백질, 지방에서 얻게 되며, 에너지의 섭취에 있어서는 양적인 충족뿐 아니라 에너지를 구성하는 이들 영양소의 균형 있는 섭취가 요구된다. WHO(2003)는 에너지의 급원인 탄수화물, 단백질, 지방에 대해 인구집단의 평균적인 섭취 수준은 각각 총에너지의 55~75%, 10~15%, 15~30%의 범위가 바람직하다고 권장하고 있으며 국가별 식생활 특성에 따라 적절한 기준이 필요함을 지적하고 있다. 한국영양학회(2005)는 성인의 경우 섭취하는 에너지가 탄수화물, 단백질, 지방에서 각각 55~70%, 7~20%, 15~25%의 범위를 벗어나지 않을 것을 권장하고 있다.

섭취한 에너지를 구성하는 다량영양소의 비율은 그림 3-2와 같이 북한의 경우 탄수화물 급원의 의존도가 상대적으로 높은 것을 알 수 있는데, 한국영양학회가 제안하는 성인의 탄수화물의 적정 섭취비율의 범위가 총에너지의 55~70% 이내임을 고려하면 북한 인구의 과반수가 이를 초과하는 수준으로 섭취하고 있다. 북한 내 식량 문제가 표면화된 1995년 이후 탄수화물 에너지의 비율이 3~4% 가량 증가하였고, 반면 단백질은 1%, 지방은 2% 가량 섭취가 감소하였다. 한국영양학회에서 권장하는 성인의 단백질과 지방의 적정비율로 볼 때 특히 북한은 지방 에너지의 섭취가 낮은 것으로 보이며 인구집단의 섭취분포를 고려할 때 대다수가 부족하게 섭취

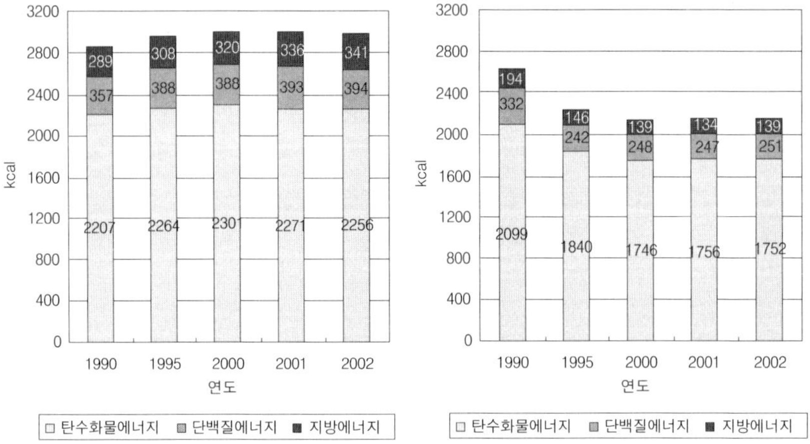

그림 3-1 남북한 연도별 에너지 섭취 추이

자료: 통계청, 남북한 경제사회상 비교(http://www.kosis.kr>국내통계>주제별통계>기타), 재구성

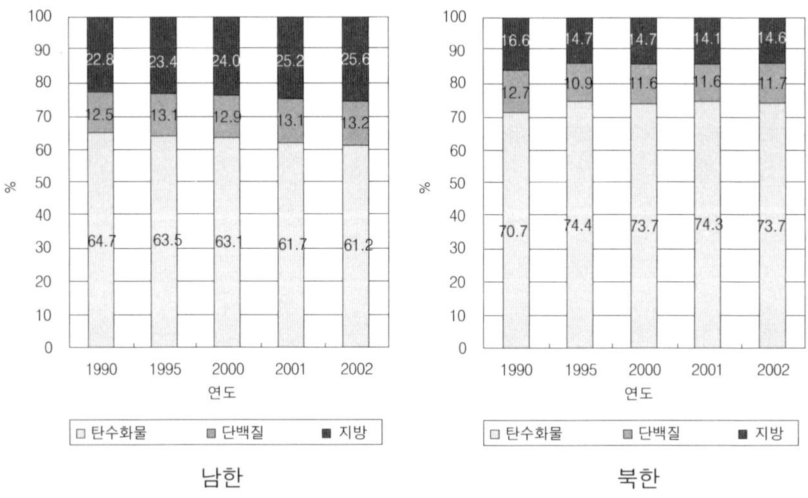

그림 3-2 남북한 연도별 섭취 에너지 구성 비율 추이

자료: 통계청, 남북한 경제사회상 비교(http://www.kosis.kr>국내통계>주제별통계>기타), 재구성

하는 것으로 추정된다. 현대사회의 주요 건강 문제인 만성질환의 위험요인으로서 지방의 과다 섭취가 지적되고 있으나 이는 주로 동물성 지방의 섭취와 관련이 있으며 지방섭취량의 증가도 바로 이러한 동물성 지방의 섭취 증가에 기인하는 것으로 경제 수준과 관련이 크다. 그러나 식물성 지방은 인체에 필수적인 필수지방산의 공급을 위해 충분한 수준의 섭취가 요구되며 전 세계적으로 볼 때도 동물성 지방에 비해 경제 수준의 영향이 크지 않으며 연차적으로 그 섭취가 증가하는 추세를 보인다(Drewnowski, 2000; WHO, 2003). 북한의 경우 특히 지방에서 섭취하는 에너지의 비율이 낮은데 총에너지 섭취량이 낮다는 점을 고려하면 절대적인 지방섭취의 부족을 예측할 수 있다. 특히 성장기 아동이나 임신, 수유부, 노인 등 취약계층의 충분한 필수지방산 섭취를 위해 식물성 지방의 섭취 증가가 필요할 것으로 보인다.

(4) 어린이 식생활 실태

① 인구구성과 보육실태

2004년 UN 인구기금(United Nations Population Fund, UNPFA)이 북한의 중앙통계국과 수행한 출산건강조사에 따르면 북한의 인구는 2003년 기준으로 2,346만 4,000명으로 추산된다(UNICEF DPRK, 2006). 북한 당국이 발표한 인구의 연령구성을 고려하였을 때 5세 미만의 어린이는 190만, 17세 미만의 학령기 어린이와 청소년은 680만으로 추정된다. 표 3-4에 연령별 인구규모를 추정하여 제시하였다. 현재 북한인구에 대한 추계는 이를 발표하는 기관마다 다소 차이가 있다. 이는 인구추계의 기준으로 삼은 연도와 적용한 인구증가율의 차이로 생각된다. 1960년대 초반 2.8% 정도의 인구성장을 보이던 북한은 이후 성장률이 다소 감소하였고, 대홍수가 있던 1995년에는 1.5%의 성장을 보였으며 이후 1%를 밑도는 성장률을 나타내었다(UNICEF DPRK, 2006).

북한에는 지역사회를 기반으로 하는 보육 및 의료 시스템이 광범위하게

표 3-4 북한의 연령별 인구규모

연령(세)	인구비율(%)[1]	추정인구규모(명)	누계(명)
<1	2	469,280	469,280
1~4	6	1,407,840	1,877,120
5~6	3	703,920	2,581,040
7~10	7	1,642,480	4,223,520
11~16	11	2,581,040	6,804,560
17~59	58	13,609,120	20,413,680
60+	13	3,050,320	23,464,000[1]

주: 1) UNICEF DPRK, 2006

형성되어 있다. 출생 후 만 3개월이 되면 탁아소에서 만 4세까지 보육하며, 5세부터는 유치원에서 보육하는데 유치원 높은 반인 6세부터 11년간이 의무교육기간이다. 고아들을 위해서는 탁아소에 해당하는 육아원과 유치원에 해당하는 애육원이 주요 도시에 있고 그 아래 분원을 두고 있으며(통일부 통일교육원, 2007), 소학교 이후에는 기숙학원을 두고 있다. 만 17세가 되어 고등전문학교 이상으로 진학하거나 특별한 경우가 아니면 입대하게 된다. 표 3-5와 표 3-6에는 북한의 보육 및 교육 체계와 시설 현황에 대해 제시하였다.

WFP는 식량 안정성에 있어서 주요 취약계층으로 소학교 이하의 어린이와 임신 및 수유 여성, 노인, 식량배급에 의존도가 높은 지역의 거주자를 꼽고 있다. 어린이 영양 문제에 대한 정책 및 사업 방향의 설정에 있어서 우선순위를 두어야 할 소학교 이하의 어린이는 앞에서 제시한 자료에 근거할 때 420만 가량으로 추산된다. 또한, 출생 이후의 영양 및 건강 상태에 가장 큰 영향을 미치는 임신기와 수유기에 있는 여성은 WHO(2007) 자료에 근거할 때 98만으로 추정된다.

② 식생활 실태

북한 당국은 식량 부족의 어려움 속에서도 6세 이하의 영유아들을 양육

표 3-5 북한의 보육 및 교육 체계

연령(세)	보육과 교육
0~4	탁아소(육아원)[1]
5~6	유치원[2](애육원)[1]
7~10	소학교(인민학교)[2]
11~16	중학교[2]
17+[3]	고등전문학교(2~3년)나 단과대학(3~4년) 또는 대학(4~7년, 대학 7년 수학 후 박사원 또는 연구원 2~4년)

주: 1) 고아의 경우

2) 유치원 높은 반부터 중학교까지 총 11년간 의무교육임

3) 상급학교로 진학하거나 특별한 경우가 아니면 군에 입대함

자료: 통일부 통일교육원, 2007

표 3-6 보육 및 교육 시설 현황

보육 및 교육 시설	현황
탁아소[1]	28,364개, 마을 및 아파트 단위
유치원[2]	14,303개, 마을 및 아파트 단위
소학교	리, 동 단위
중학교 이상	군 단위

주: 1) 육아원의 경우 전국 10개, 지방분원을 두고 있음

2) 애육원의 경우 전국 11개, 지방분원을 두고 있음

자료: UNICEF DPRK, 2006; E. Majeed, 2007

하는 탁아소, 유치원, 육아원, 애육원 등의 식품 분배를 확보하기 위해 노력하였으나 1996년 중반 이후 양적 · 질적 측면에서 식품 공급이 감소하였다(UN SCN, 1997). 식량위기가 심화되면서 보육시설, 학교, 병원의 식량분배가 중지되고 질병을 가진 아이들이 증가해 15% 정도의 아이들은 보육체계에서 누락되었다. 이런 경우 가족단위 배급에만 의존하게 되므로 상대적으로 영양불량의 위험이 증가하게 된다.

1998년 조사된 MICS I에서는 5세 미만 아동의 식사섭취를 평가하기 위해 자녀의 어머니를 대상으로 24시간 회상법을 이용한 식생활 조사를 실시하였다. 그러나 이 조사에서는 단순히 섭취하는 식품내용만을 조사하고

있어 충분한 섭취 여부는 파악하기 어렵다. 아동들이 섭취하는 주요 식품은 쌀, 옥수수, 국수, 배추, 호박, 고구마, 밤, 김치, 생선 등으로 주로 탄수화물 급원인 주식류와 채소류를 중심으로 섭취하고 있었고, 채소류는 텃밭에서 재배되는 제철 채소류였다. 조사시기가 수확기인 가을인 섬을 고려하면 1년 중 식량 사정이 가장 좋은 시기의 섭취상태이며 텃밭에서의 채소 재배가 어려운 겨울에는 더욱 편중된 식품섭취를 할 수밖에 없을 것이다. 이유기 아동의 식사는 보통 쌀, 감자, 생선, 당근, 식용유 등을 이용하여 준비하나 배급이 원활하지 못한 상황에서 이러한 식품들의 취득이 어려운 것으로 보고되고 있었다.

아동들의 식생활에 대한 정보는 제한적이어서 그 실태를 명확히 알 수는 없으나 가정 내 식량 상황과 크게 다르지 않을 것으로 생각된다. 보육시설에 지원사업을 수행하는 국내 민간단체의 영양지원 내용이 주로 빵, 국수, 두유며 가정에서 사용가능한 식품이 곡물과 채소류임을 고려할 때, 성장기 어린이에게 필요한 양질의 단백질과 필수지방산 섭취 부족, 무기질의 생체이용성(bioavailability) 저하로 인한 영양불량 문제 등이 예측된다.

식량 사정이 어려운 상황에서 모유수유 기간의 연장은 영유아 영양상태에 긍정적인 영향을 미칠 수 있다. 북한에서는 일반적으로 출산 후 모유수유를 하며 산후조리 후 직장에 복귀하여 아이들을 탁아소에 맡기더라도 모유수유는 지속하여 6개월 이후에도 모유수유의 비율이 높은 편이다. MICS와 북한영양조사에서는 2세 미만의 영유아를 대상으로 모유수유 현황을 조사하고 있다. 1998년 MICS I에서 대상자의 99.2%는 모유수유 경험이 있다고 응답하였다. 월령의 차이는 있으나 83%는 조사일 현재도 수유중인 것으로 응답하였는데, 모유수유기간은 평균 9.3개월이었다. 동 조사에서 만 6개월 미만인 영아의 경우는 96.6%가 모유수유를 하고 있었고 85%는 전적으로 모유를 수유한다고 응답하였다. 2002년과 2004년 영양조사 결과와 비교할 때 6개월 미만의 모유수유비율은 95% 이상으로 매우 높은 수준을 유지하고 있으나 전적으로 모유수유만을 하는 비율과 모유수유

표 3-7 북한 2세 미만 영유아의 모유수유 현황 (단위: %)

구분	1998년	2002년	2004년
현재 모유수유(전체)	83	79.7	69.8
현재 모유수유(6개월 미만)	96.6	96.0	98.5
단독 모유수유(6개월 미만)	85.0	69.6	65.1

자료: DPRK CBS, 2002; DPRK CBS & ICN, 2005

의 지속기간이 감소하고 있는 것으로 분석된다(표 3-7).

2) 영양문제

(1) 성장지연

어린이의 성장 상태는 전반적인 영양섭취 상태를 반영하는 종합적인 지표다. 특히 키와 체중을 이용한 몇 가지 성장평가지수는 에너지와 단백질의 전반적인 섭취 상태를 반영하는 지표로 이용되고 있다(WHO, 1995; Majeed, 2007).

WFP가 1997년 북한 당국의 허가를 받아 4개 도 18개 군의 일부 탁아소와 유치원의 재원 아동을 대상으로 수행한 영양조사에서 전체 대상자 중 근소모 비율은 16.5%였다(Katona-Apte & Mokdad, 1998). WHO는 성장 상태 평가 결과로 영양불량의 만연 정도에 따라 위험지역을 분류하는데, 그 기준은 표 3-8과 같다. 표에서와 같이 근소모의 경우 유병률이 15%를 초과할 때 영양불량의 위험이 매우 높은 지역으로 분류된다. 동 조사의 대상이 된 40개의 보육시설 중 19개는 15%를 초과하였으며 9개 시설은 10% 미만으로 지역에 따라 영양불량 유병률에 편차가 있었으며 반 정도의 시설이 매우 높은 영양불량 유병률을 보였다.

동 조사의 조사대상은 북한 당국에 의해 평양 주변의 이른바 'rice bowl' 지역에서 선정되어 대표성이 없으며, 특히 북쪽 산간지방의 상태를 반영하지 못하고 있다. 또한, 보육시설의 아동 등원비율은 60~70% 수준으로

표 3-8 영양불량 위험지역 분류기준

영양불량 수준 분류	영양불량 유병률[1] 범위에 따른 기준		
	저체중 유병률, %	키 성장지연 유병률, %	근소모 유병률, %
낮음	<10	<20	<5
중간	10~19	20~29	5~9
높음	20~29	30~39	10~14
매우 높음	>30	>40	>15

주: 1) −2z에 해당하는 계측치보다 작은 어린이비율

자료: WHO, 1995

아파서 등원할 수 없거나 입원 중인 아동들이 제외되어 있어 영양불량의 유병률은 보고된 것보다 높은 수준으로 예상되었다. 그러나 이 조사는 북한의 인도적 지원요청 이후 북한 영양 상태에 대한 상황분석에 있어서 현장 방문을 통한 단순 관찰과 북한 당국이 제공하는 자료에 의존하던 것에서 벗어나 국제기구가 참여하여 대규모로 수행된 첫 번째 조사였으며 북한에 만연된 어린이 영양불량의 심각성이 구체적으로 보고되었다.

이후 비록 접근이 허락되지 않은 일부지역이 배제된 점을 고려해야 하나 전국규모의 영양조사를 통해 북한 어린이의 영양 상태 평가가 가능해졌다. 1998년 이후 2년마다 수행하는 영양조사와 MICS를 통한 북한 영유아의 성장 상태 평가 결과는 그림 3-3과 같다. 1998년 영유아의 성장지표로 영양 상태를 평가하였을 때 키성장지연 및 저체중으로 판정된 아동의 비율이 60% 이상으로 전 세계적으로 유래를 찾기 어려울 정도로 심각한 상황이었다. 2000년 조사에서는 이러한 영양불량 상황이 크게 호전되어 영양지원사업의 효과를 반영하고 있는 것으로 분석되고 있으나 일부에서는 1998년 조사 당시 현지 사정이 익숙하지 않은 조사에 참여한 국제기구 소속의 인력들이 나이를 환산하는 데 있어 오해가 있었다는 문제를 제기하기도 하였다(임순희 외, 2005). 그러나 북한 어린이의 영양불량 정도는 여전히 높은 수준이며 2004년 조사 이후 완만한 감소 추세를 보이고 있다.

Hoffman & Lee(2005)는 2002년 북한 영양조사 자료를 이용하여 북한의

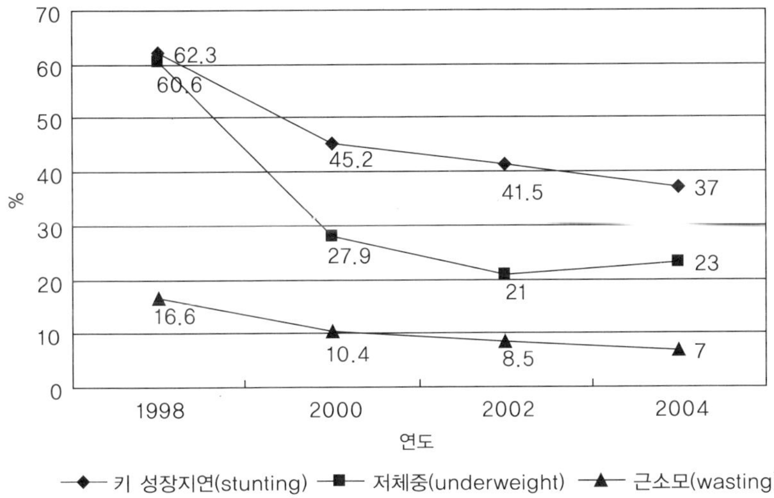

그림 3-3 북한 영양조사 결과로 보고된 영양불량 어린이 비율 추이
자료: DPRK CBS & ICN, 2005

7세 미만 어린이를 대상으로 성장지연에 관련이 있는 요인을 평가하였다. 동 연구에서 연령, 성별, 어머니의 교육수준, 어머니의 연령, WFP 식량지원 수혜 여부를 포함하는 모델을 구성하여 로짓 회귀분석을 통해 키 성장지연 위험의 교차비(odds ratio)를 구하였을 때, 대상 어린이의 연령이 높을수록 위험이 증가하였고 어머니의 연령이 높거나 WFP의 식량지원을 받는 경우 위험이 감소하는 것으로 나타났다. WFP의 식량지원에 대해서는 WFP의 지원이 주요 식량공급원인 경우와 WFP의 영양강화 보충식을 받는 경우로 나누어 분석하였다. 두 경우 모두 성장지연의 위험이 낮아졌으며 특히 영양강화 보충식을 받는 경우 성장지연의 위험은 더욱 감소하였다. 같은 방법으로 근소모의 위험요인도 평가하였는데, 대상 어린이의 연령이 높을수록 근소한 정도의 위험 감소를 나타내었으며 다른 요인에 대해서는 의미 있는 결과가 나타나지 않았다.

월령별 저체중, 키 성장지연, 근소모 아동 비율의 연도별 추이를 표 3-9에 제시하였다. 월령별 연차 추이를 볼 때 저체중과 근소모는 12~23개월,

키 성장지연은 12~35개월에서 연차적으로 감소하는 추세를 보였다. 그러나 2002년 이후 그 외의 월령에서는 그다지 개선되지 못한 것으로 나타나 영유아의 신체성장에 있어서 24~36개월 이전이 민감한 시기임을 반영하는 결과로 해석된다. 또한 이들 지표는 어디까지나 어린이의 성장 상태를 추정하는 지표의 하나로 전체적인 성장발육을 모두 대표할 수 있는 것은 아니다.

영유아의 신장을 기준으로 한 성장평가를 통해 살펴보았을 때 영양불량 비율은 2004년 영양조사에서 37%를 나타내어 60% 이상을 나타냈던 1998년의 조사결과에 비해 크게 감소한 수준이나 여전히 영양불량의 위험이 높은 것으로 평가되고 있다(DPRK CBS & ICN, 2005; WHO, 1995). 그러나 이 조사는 영양지원에 대한 모니터링 차원에서 이루어지는 것으로 비 수혜지역을 포함하는 북한의 평균적인 상황으로 보기 어려운 점이 있다.

동 조사에서 신장에 대한 체중으로 평가하는 근소모를 지표로 사용할 경우 7% 수준을 나타내어 북한의 영양불량 수준은 중간 정도로 평가된다. 이러한 점은 북한 어린이의 영양불량 상태가 다소 해소되고 있는 것으로 해석할 수 있다. 그러나 영양불량의 해소과정에서 상대적으로 체중의 따라잡기 성장이 키의 따라잡기 성장에 비해 쉽다는 점에서 나타나는 또 다른 문제점을 생각해야 한다. 박순영 등(2007)은 탈북어린이와 청소년이 남한 입국 후의 성장발육 추이를 살펴보았는데, 신장 성장 상태의 향상은 뚜렷이 나타나지 않는 데 비해 체중의 회복은 빠르게 나타나며 이에 따라 비만도가 증가하는 양상을 나타내었다고 보고하였다. WHO(2003)는 생애초기의 영양불량과 성인이 된 후의 비만이 만성퇴행성질환의 중요한 위험요소가 됨을 지적하였다. 이는 북한의 전반적인 식량 사정의 회복과 나아가 통일 후 직면할 수 있는 국민건강 문제에 시사하는 바가 크다.

심재은 등(2007)의 연구에 따르면 남한 영유아의 성장은 발육표준에 근접하는 성장양상을 보이는 데 반해 북한 영유아 중 성장지연으로 판정된 영유아는 영아 전기 20% 수준에서 월령이 증가함에 따라 그 비율도 증가

표 3-9 월령별 영양불량의 연도별 추이 (단위: %)

(1) 저체중

월령 \ 연도	1998	2000	2002	2004
0~6	–	7.7	7.6	14.1
6~11	32.2	21.5	12	
12~23	56.1	31.4	24.9	20.5
24~35	67.3	34.0	25.5	27.3
36~47	69.7	32.4	20.2	26.3
48~59	61.9	39.0	21	26.6
60~71	64.7	–	19.6	22.5
72+		–	21.7	–

(2) 키 성장지연

월령 \ 연도	1998	2000	2002	2004
0~6	–	21.9	17.3	19.4
6~11	14.5	31.9	22.8	
12~23	48.5	50.2	41.6	27.1
24~35	62.2	47.5	45.6	34.7
36~47	75.1	58.6	47.6	46.7
48~59	77.5	60.3	47.5	50.8
60~71	74.8	–	44.2	46.8
72+		–	46.7	–

(3) 근소모

월령 \ 연도	1998	2000	2002	2004
0~6	–	7.8	5.3	6.0
6~11	17.6	10.4	6.7	
12~23	30.9	11.9	11.9	8.7
24~35	20.5	9.7	8.4	7.3
36~47	13.4	10.2	7.4	7.5
48~59	8.9	11.9	6.3	6.2
60~71	7.8	–	5.6	5.3
72+		–	6.7	–

자료: UNICEF Pyungyang, 1998; DPRK CBS, 2000, 2002; DPRK CBS & ICN, 2005

하여 만 5세 무렵에 50%를 넘는 것으로 나타났다. 이러한 점으로 미루어 볼 때 이 시기 남북한 영유아 간의 평균 신장격차는 8cm 가량 될 것으로 추정된다. 이러한 성장격차는 사춘기 성장발달 결과에 따라 더욱 심화될 것으로 생각된다. 특히 박순영 등(2007)의 연구에서 탈북어린이 중 10세 이전 아동의 경우 남한의 아동과 성장 상태에 차이를 나타내지 않았다는 점은 정상적인 성장발달을 위해 가능한 어린시기에 영양 상태의 개선이 이루어져야 함을 잘 나타내고 있다.

(2) 저체중아 출생

태내에서의 영양 상태를 반영하는 지표로는 출생 시 체중을 들 수 있다. 영국의 Barker는 태아기원가설(fetal origins' hypothesis)을 통해 태아시기를 비롯한 생애초기 동안의 영양상태와 성장패턴이 성장 이후 성인기의 만성질환의 발병과 밀접한 관련이 있다고 설명하였다. 이 가설은 임산부의 영양상태에 의존적인 생애초기 영양상태의 영향을 설명하는 것으로 여러 연구결과를 통해 그 중요성이 입증되고 있다(Barker & Godfrey, 2004). 표 3-9에서 12개월 이전의 영아 성장 상태가 개선되지 못한 것은 가임기 여성의 영양불량 상태가 지속되고 있어 저체중아의 출생으로 이어지고 있기 때문으로 해석된다. 그러나 이는 단순한 성장지연의 문제를 넘어 출생 이전 노출되는 환경에 따라 성인기 만성퇴행성질환의 위험을 높인다는 점에 주목해야 한다. 따라서 어린이 영양개선을 위해 궁극적으로는 가임기 여성의 영양 개선을 통한 건강한 출산이 선행되어야 한다.

MICS I에서는 출생 시 체중 자료가 있는 아동 1,399명의 출생체중을 평가하였을 때 9%가 저 출생체중(2.5kg 미만)이었던 것으로 보고하고 있다(그림 3-4). 그러나 출생 시 체중을 기록하는 자료가 반올림되어 있어 실제 유병률은 좀 더 높을 것으로 추정된다. MICS II에서는 1999년 한 해 동안 태어난 아이들의 6.4%가 출생 시 저체중아인 것으로 보고하였고, 2002년 영양조사에서는 만 2세 미만 아동 2,508명 중 6.7%가 출생 시 저체중으로 태

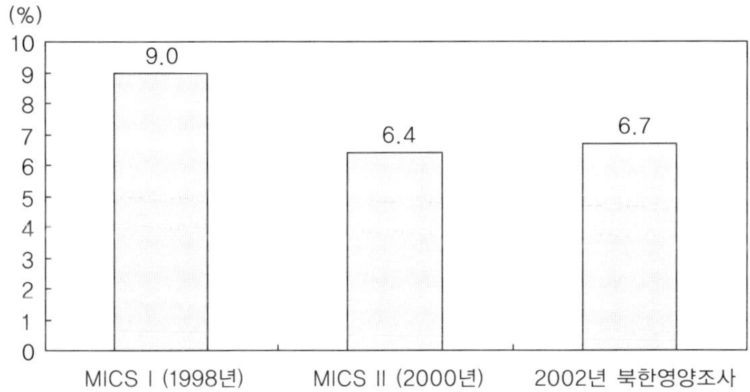

그림 3-4 출생 시 저체중아의 추이

자료: UNICEF Pyoungyang, 1998; DPRK CBS, 2000, 2002

어났다.

(3) 모유수유율의 감소

북한에서는 생후 6개월까지 대부분이 모유수유를 하고 6개월 시점에서 전적으로 모유수유를 하는 비율도 남한에 비해서 높은 수준이다. 그러나 영양조사가 처음 수행되었던 1998년에 비해 2004년 조사에서는 크게 감소한 상태다. 식량 사정이 불안정하고 식수의 위생이 확보되지 않은 상태에서 모유수유기간의 연장은 영아의 성장발달에 유리하다. 그러나 영양을 충분히 공급하지 않은 상태에서 모유수유의 연장은 수유부의 영양 상태를 악화시키고, 다음 출산 시 저체중아를 출산할 위험을 증가시킬 수 있다.

(4) 미량 영양소 결핍

대북 지원 초기 북한 어린이의 미량영양소 영양상태는 주로 결핍증에 대한 관찰보고를 통해 알려졌다. 주로 비타민 D 결핍에 따른 구루병에 대한 관찰보고가 있었고, 비타빈 A와 C 결핍에 의한 야맹증과 괴혈병에 대한 보고가 있었다(UN SCN, 1997).

또한, 1998년 북한 국가계획위원회의 한 보고 자료에 따르면 요오드 결핍증상인 갑산성종(goiter)의 유병률은 특히 동북산간지역에서 매우 높아 26% 가량 되는 것으로 추정되었다. 1995년 이후 연속된 자연재해로 염전이 파괴되었고 이후의 소금 생산이 어려워지면서 천일염의 섭취가 어렵게 된 것이 내륙에 위치한 산간지역에서 요오드 결핍 만연의 원인이 되었던 것으로 추정된다(EU, UNICEF, WFP, 1998; UNICEF Pyongyang, 1998). 같은 해 수행된 MICS I에서는 6~84개월의 영유아와 학령 전 아동 1,679명 중 4.2%에 해당하는 70명이 갑상선종인 것으로 판정되었고 특히 60~84개월(유치원) 아동은 7.8%에 이르는 것으로 보고하고 있다. WHO와 UNICEF는 학령기 아동을 대상으로 갑상선종의 유병률을 조사하여 해당 집단의 요오드 결핍 유병 수준을 평가하나 북한 당국의 거부로 학령 전 아동에서만 조사할 수 있었다.

MICS I에서는 6~84개월의 영유아와 학령 전 아동 중 1,787명의 혈중 헤모글로빈 수준을 분석하였는데 이 중 31.7%가 빈혈로 판정되었다. 또한 조사 대상가구 임산부 72명 중 34.7%가 빈혈로 판정되었다. 2004년 북한 영양조사에서도 가임기 여성으로 분류되는 2세 미만의 자녀를 둔 여성의 빈혈 유병률은 연령대에 따라 다소 차이가 있었으나 34% 이상인 것으로 나타났다.

그러나 이후 북한 어린이의 미량영양소 섭취상태를 평가할 수 있는 조사는 이루어지지 않고 있다. MICS II나 영양조사에서도 UNICEF 사업으로 진행 중인 비타민 A 보충제 투여 및 요오드화 소금의 이용 실태와 소금의 요오드강화 수준을 평가하는 조사만 진행되고 있다. 2세 미만 영유아의 비타민 A 보충제 투여율은 2002년 조사에서 98.6%, 2004년도 조사에서 98.2%를 나타내었다. 요오드강화 소금의 사용에 대해서는 2000년 15ppm 이상의 요오드를 함유하는 요오드강화 소금을 사용하는 비율은 조사대상가구의 1.7%였고, 2004년도에는 24.7%인 것으로 조사되었다(Dibley & Do, 2005). 단정할 수는 없으나 동물성 급원의 식품섭취가 매우 낮고 곡물과 쉽게 구할 수 있는 채소류에 의존하는 북한 주민의 식생활 실태로 미루어 볼 때 특히 무기질의 양적 · 질적 섭취수준이 매우 불량할 것으로 추정된다.

3) 영양과 관련된 건강문제

(1) 중증 영양불량

WHO(2007) 자료에 따르면 심각한 영양불량 상태를 보이는 북한 어린이는 4만 명으로 추산된다. 북한영양조사의 연령별 신장을 이용한 성장평가 분포를 연도별로 비교할 때 2004년의 전체적인 성장수준은 2002년에 비해 향상되었으나 극심한 영양불량 상태로 판정되는 비율은 감소되지 않고 있었다(DPRK CBC & ICN, 2005). 특히 단백질과 에너지의 극단적인 결핍으로 마라스무스나 카시오커와 같은 임상증상을 동반하는 경우 단순한 영양지원이 아닌 치료적인 접근이 필요하다(WHO, 1999).

(2) 미량 영양소 결핍으로 인한 임상증상

인도적 지원 초기 비타민 · 무기질의 결핍으로 인한 야맹증(비타민 A), 구루병(비타민 D), 갑상선종(요오드)과 임상증상들이 관찰 보고된 바 있다. 또한, 1998년 북한에서 수행된 MICS I에서 7세 미만 영유아의 32%가 빈혈로, 4.2%가 갑상선종이 있는 것으로 판정되었다(UNICEF Pyongyang, 1998). 이후 미량 영양소의 영양상태가 세밀하게 조사되지 않았기 때문에 그 정도와 심각성은 잘 알려져 있지 않다. 그러나 식량이 절대적으로 부족하고 한정된 식품급원에 의존하는 북한 주민의 식생활은 미량 영양소 섭취가 매우 취약하다. 특히 비타민 A, 철분, 아연과 같은 영양소의 결핍은 면역능력의 저하를 가져오기 때문에 이러한 미량영양소의 결핍이 성장기 어린이들의 정상적인 성장과 건강에 미치는 영향은 지대하다(Kapil & Bhavna, 2002).

(3) 전염성 질환

북한 주민의 건강문제에서 중요한 특징은 사라졌던 전염성 질환들이 재

발생하여 성행하고 있는 것이다. 이는 영양불량 상태가 지속됨에 따라 면역능력이 저하되었기 때문이다. 1998년 말라리아의 재출현이 보고된 이래 2001년 말라리아 환자는 30만에 이르렀고, 2006년 현재 9,300명으로 감소된 상태다(WHO, 2007). 2007년 봄, 원인을 파악하지 못한 대규모의 전염병 발생으로 혼란이 있었으나 이후 홍역임이 밝혀졌다. 그동안 국제기구가 홍역예방접종 사업을 활발하게 진행해 왔음에도 불구하고 홍역이 대규모로 발생한 것에 대한 의문이 있었으나, 평양 UNICEF 관계자에 따르면 대부분의 환자는 10세 이상으로 예방접종 사업의 수혜대상이 아니었던 것으로 파악되었다.

북한 어린이의 건강문제에 있어서 전염성 질환이 주를 이루고 있다. 어린이 병원과 병동에서 보고되는 일반적인 어린이 질환은 감기, 기관지염, 설사, 수막염 등이고, 영양불량과 함께 설사, 폐렴 등의 급성 호흡기 감염과 같은 전염성 질환이 어린이 사망의 주요 원인이 되고 있다(WHO DPR Korea, 2007).

북한영양조사에서는 2세 미만의 영유아를 대상으로 지난 2주일 동안 설사병의 경험이 있는가를 조사하였는데, 그 수는 조사대상아의 약 20%를 차지하였다. 즉, 2004년 북한영양조사결과에 따르면 2세 미만의 조사 대상 아동 2,109명 중 18.9%, 2002년 조사에서는 2,870명의 대상 아동 중 19.1%가 경험이 있다고 대답해 상황이 개선되지 못한 것으로 나타났다(DPRK CBS 2002; DPRK CBS & ICN 2005).

(4) 정신건강 — 인지발달과 사회정서적 행동

임길진과 장남수(2000)는 북한의 식량위기 초기에 식량의 절대적인 부족과 이에 따르는 어린이 영양문제의 심각성을 인지하고 각 분야의 전문가와 그 실태와 대책을 논의한 바 있다. 이를 통해 다양한 영역에서 북한의 식량문제를 다루었는데 본 연구를 통해 다시 한번 강조하고 싶은 것은 영양불량에 따른 인지발달의 저해와 정서적 손상이다.

영양불량에 따르는 신체성장의 지연은 시각적으로 확연히 드러나는 문제이므로 그 심각한 정도와 중요성에 대해 쉽게 인식될 수 있으나, 인지와 정서의 발달과 이에 따른 사회성 형성에 있어서의 문제에 대해서는 관심을 받지 못하는 경우가 많다. 에너지 급원이 되는 다량 영양소 외에도 철분과 아연을 비롯한 여러 미량영양소들은 인지발달에 중요한 영향을 미친다(조성수, 2000). 또한 두뇌성장이 급속하게 일어나는 시기에 경험한 영양불량은 사회적 · 정서적 기능의 발달에 부정적인 결과를 낳게 된다(박성연, 2000). 그러나 여기에서 중요한 사실은 영양결핍에 대한 중재시기가 빠를수록 손상의 회복에 유리하다는 것이다.

2. 북한의 영양정책 현황

1) 북한 당국의 영양정책 현황

(1) 관련 법령

북한과학기술네트워크에서 확인한 북한의 기술법령 중 직접적인 영양관련법은 찾을 수 없었으나, 식품가공과 관련된 식료품위생법이 있었고, 영양정책에 영향을 미치거나 관련이 있는 법은 과학기술법, 농업법, 산림법, 수산법 등이 있었다. 이밖에 아동과 관련된 법으로 어린이보양보육법이 있는데, 이 법은 취학 전 영유아와 아동의 보육과 관련된 법으로 '국가기관과 사회단체는 젖, 고기, 알, 과일, 남새(채소)와 당과류 같은 여러 가지 가공된 식료품을 보장' 하여야 함을 규정하고 있으며, '협동농장은 닭, 염소, 젖소 같은 집짐승을 많이 기르고 과일과 남새를 잘 저장하여 농장의 탁아소와 유치원에 필요한 식료품을 정상적으로 공급' 하라고 명시하고 있다. 각 법안에서 다루는 주요 내용은 표 3-10과 같다.

표 3-10 영양관련 분야 및 어린이 관련 법령의 주요내용

법령	주요내용
과학기술법[1]	과학기술발전계획의 수립과 실행, 과학연구사업과 기술혁신, 과학기술의 심의와 도입, 기술관리, 과학기술 사업환경
농업법[1]	농업생산 및 물질적 · 기술적 기반 강화, 농업자원 보호, 농산물 관리
산림법[1]	산림조성과 보호, 산림자원 이용
수산법[1]	수산자원 조성과 보호, 수산물 생산과 가공
식료품위생법[2]	식료품의 생산(원자재, 첨가물, 포장), 안전과 위생, 보관과 운반, 생산시설의 건설과 보수 및 지도감독
어린이보육교양법[3]	취학 전 어린이의 교육 목표, 탁아소와 유치원을 통한 국가와 사회의 보육 책임, 양육시설에 대한 지도관리

자료: 1) 한국과학기술정보연구원, 북한과학기술 네트워크(http://www.nktech.net)
2) 법률출판사, 2006
3) 법률출판사, 2004

표 3-11 북한 내각의 구성

구분	조직
위원회	국가계획위원회, 체육지도위원회, 민족경제협력위원회
성	외무성, 철도성, 도시경영성, 재정성, 인민보안성, 육해운성, 국토환경보호성, 노동성, 농업성, 국가건설감독성, 보건성, 전력공업성, 화학공업성, 상업성, 국가검열성, 석탄공업성, 경공업성, 수매양정성, 채취공업성, 무역성, 교육성, 전자공업성, 임업성, 체신성, 금속공업성, 수산성, 문화성, 기계공업성, 원유공업성, 건설건재공업성
원, 은행, 국	국가과학원, 중앙은행, 중앙통계국, 내각사무국

주: 1) 영양행정 관련 조직에 ____ 표시함
자료: 통일부 통일교육원, 2007

(2) 과학기술 행정체계

표 3-11에서와 같이 북한 정부의 내각은 3위원회, 30성, 1원, 1은행, 2국으로 구성되어 있다(통일부 통일교육원, 2007). 북한의 과학기술정책은 당에서 방향을 제시하고 내각의 국가계획위원회 과학기술계획처에서 당의 정책방향에 맞도록 구성된다. 이는 과학원 및 각급 연구기관과 내각의 각 성으로 시달되어 부문별 구체적인 연구개발 목표를 수립한 후 교육기관과 연구소 등에 하달하고 구체적인 연구과제를 설정하여 각 직할 연구소에서

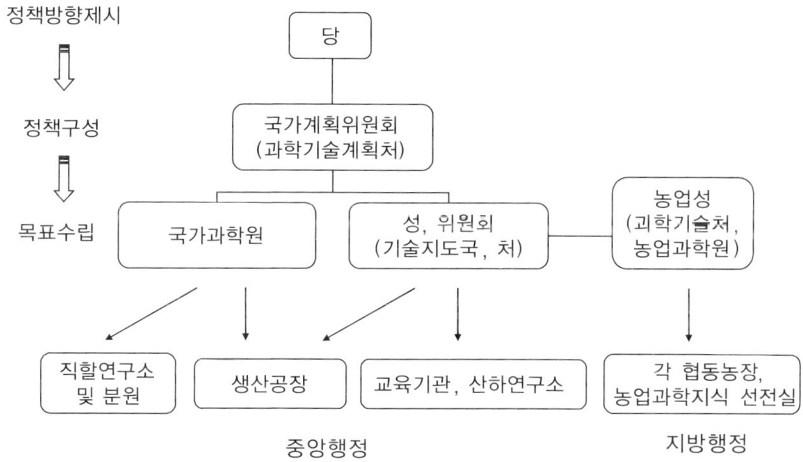

그림 3-5 북한 과학기술 행정체계
자료: 통일부 통일교육원, 2007

자체 연구를 추진하게 하는 동시에 타 부서 산하 연구기관 간 협의 조정하여 진행한다. 중앙의 과학기술행정과 외국과의 연구 교류는 주로 과학원을 통하며, 지방은 농업성의 과학기술처를 통한다(그림 3-5).

(3) 영양관련 주요 기구

북한의 과학기술 전문연구기관으로 국가과학원을 비롯하여 각 성 산하 연구소가 있으며 각기 연구실과 실험실 및 실험공장을 갖추고 있다(통일부 통일교육원, 2007). 표 3-12에 내각 조직 내 산하 연구기관과 기관별 주요조직에 대해 제시하였다. 이 중 영양연구와 영양조사 관련 주요 기구는 보건성과 보건성 의학과학원 산하 직할연구소인 어린이영양관리연구소, 중앙통계국 등으로 북한영양조사의 계획 및 수행, 자료 분석을 담당한다. 또한, 북한에서 빌간하는 영양관련 분야 학술지에 논문을 투고한 저자들의 소속은 주로 의과대학, 산원, 어린이영양관리연구소, 위생방역소 등이었다.

표 3-12 북한 과학기술 연구기구 현황

내각 조직 구분	산하 연구기관	주요조직
국가과학원	직할연구소(평양시 은정)	분야별 연구분원(7개소), 지방분원(함흥)
교육성	각 대학 연구소	-
보건성	의학과학원	18개 직할 연구소, 2개 분원, 의약품 자재관리소, 의학도서관, 의료기기 생산공장
농업성	농업과학원 직할 연구소	지방분원 18개소, 시험장 등
원자력총국	원자력 연구단지	-

자료: 통일부 통일교육원, 2007

(4) 영양정책 현황

① 식량수급 정책

가. 식량수급 현황

북한은 1980년대 20~30만 톤 가량의 쌀을 수출하고 대신 밀가루와 옥수수를 수입하여 국내 식량 수급에 이용하였는데, 1980년대 후반 쌀 수출이 급감한 후 1992년부터는 수출을 중단한 점으로 보아 이 시기부터 북한 내 식량생산이 악화된 것으로 추정된다(한승훈, 2002). 1990년 910만 톤에 이르던 식량생산은 94년 708만 톤으로 감소했고, 자연재해가 연이었던 1995~1997년에는 250만 톤까지 감소하였다. 이후 다소 증가하고 있으나 1990년대 초 수준으로는 회복하지 못한 실정이다(임순희 외, 2006). 식량생산이 감소한 기간 동안, 수입량이 60만 톤으로 감소한 1994년을 제외하고는, 주변국과의 무역을 통한 수입과 1995년 이후 시작된 국제사회의 지원을 통해 매년 100만 톤 수준의 식량을 외부에서 확보하고 있다. 그러나 1998년 이후 수입보다는 국제사회의 지원에 의존하는 비중이 매우 높아졌다(한승훈, 2002).

FAO/WFP 식량평가단의 보고내용(FAO/WFP, 2000, 2002, 2004)과 2006년 농촌경제연구원의 추정자료(권태진, 2007a)를 이용하여 2000년 이후 북한의 연차별 인구, 식량 수급, 예상 부족량을 산출하여 표 3-13에 제시하였다. 부족분량에 대해 국제사회의 인도적 지원이 있는 기간에는 기금모금을 통

표 3-13 2000년 이후 북한의 인구 및 식량 수급현황 (단위: 천 톤)

구분	연도(11월~10월)			
	2000/2001[1)]	2002/2003[1)]	2004/2005[1)]	2006/2007
연도 중간인구(천 명)	23,180	23,300	22,963	24,135
총 필요량(식용필요량)	4,785(3,871)	4,921(3,893)	5,132(3,959)	5,240[2)](4,030)[2)]
생산량	2,920	3,837	4,235	4,300[2)]
예상 수입량	200	100	100	100[3)]
남한의 차관 지원량	500	300[4)]	300[4)]	0[5)]
확보된 무상 지원량	600	126	170	100[6)]
부족량	565	558	327	740

자료: 1) FAO & WFP, 2000, 2002, 2004; 2) 권태진, 2007a
3) 예년과 같은 수준으로 추정
4) 당해연도 지원된 40만 톤 중 10만 톤 사용 후 잔여량
5) 2006년도에는 차관 지원이 이루어지지 않았으며 2007년도 40만 톤 지원 예정
6) 2006년도 남한 정부가 긴급구호 형태로 지원을 약속, 2006년도 8만 9,500톤이 지원되었고, 2007년 중 잔여량 만 500톤의 지원이 예정되어 있음, 북핵문제로 2006년도 WFP는 식량지원을 하지 못하였음

해 추가적인 식량지원이 가능하였으나, 공식적인 인도적 지원이 중단되고 북핵 문제로 국제사회의 기금모금과 지원이 원활하지 못했던 2006년도 말 확보된 식량 수준은 매우 저조하였다. 또한, 2007년 8월 또다시 발생한 대규모 홍수로 WFP는 40~45만 톤 가량의 수확 감소를 예상하고 있으며 오염된 농지는 향후 1~2년간 경작이 불가능할 것으로 보여 95년 이후 최대의 식량위기 상황인 것으로 분석되었다.

표 3-13에 제시된 인구규모는 전년도 대비 인구성장률을 1~1.5% 적용한 추계인구로 북한 당국이 WFP에 제공하는 자료다. WFP는 식량으로 이용될 곡물필요량 추산에 1인당 연간 섭취하는 곡물의 양을 167kg(쌀 100kg, 옥수수 67kg)으로 산정하는데, 이는 1인 평균 에너지섭취량을 2,130kcal로 간주하고 이 중 75% 가량인 1,600kcal를 곡물로 섭취한다고 가정하여 산출한 양이다. 쌀과 옥수수는 100g당 350kcal 가량의 에너지를 가지고 있다. 여기에 당해연도 인구규모와 작물별 경작지 면적에 따른 종자 이용분, 손실량 등을 고려하여 연간 총 필요량을 산출한다. 한국영양학회는 에너지 급원으로서 탄수화물의 적정 섭취비율을 총 에너지의 70% 이내로 섭취할

것을 권장하며 WHO는 55~75% 수준으로 제안하고 있다. 곡물이 주로 탄수화물의 급원이 된다는 점에서 평균 에너지 섭취량의 75%를 섭취할 수 있는 양을 기준으로 하는 것은 적정수준의 곡물 필요량을 산정하는 방법으로 다당하다고 본다.

농촌경제연구원(권태진, 2007a)은 위와 같은 근거로 곡물로 1,600kcal를 공급한다고 할 때 사료, 종자 및 손실분과 북한의 인구규모를 고려하면 연간 520~530만 톤의 곡물이 필요하다고 추정하였다. 북한 당국의 노력과 국제사회의 지원으로 최근 북한 내 곡물생산이 증가되었고, 이에 따라 북한은 인도적 지원보다는 개발지원이 필요함을 내세우며 지원지역의 자유로운 접근과 분배투명성을 촉구하는 국제사회에 2005년 말까지 모든 긴급구호성 지원의 철회를 요청한 바 있다. 그러나 2000년대 이후 식량 생산이 다소 증가하여 최근 북한의 감자 등을 포함한 곡물류 생산 능력이 연간 430~450만 톤 수준이라는 점을 고려하더라도 연간 70~100만 톤의 식량은 외부에서 공급되어야 하는 것으로 보인다(FAO & WFP, 2000, 2002, 2004). 식량필요량의 추정에 있어서 한 가지 더 고려할 점은 평균 에너지 필요량 2,130kcal가 기온 20°C를 기준으로 산정된 것이라는 점이다. 기온이 5°C 감소할 때마다 100kcal의 추가 에너지가 요구되므로 북한의 연평균 기온이 11°C라는 점을 고려할 때 1인당 200kcal의 추가적인 에너지 섭취가 필요한 것으로 추정된다(WFP & FAO, 2002).

나. 에너지 급원의 확보

절대적으로 식량이 부족한 북한에서 식생활 관련 정책의 우선순위는 단연 식량의 양적인 확보다. 한국개발연구원(2007)과 한국농촌경제연구원(2007)의 식량관련 북한동향분석 내용을 살펴보면 최근 북한이 식량 증산을 위해 힘쓰고 있는 분야는 감자 증산, 콩의 이모작 재배, 양어사업, 돼지 및 가금류 사육 등이다. 이는 한국농촌경제연구원이 홈페이지를 통해 제공하는 북한의 주요 신문인 『노동신문』과 『민주조선』에 게재된 식량관련

기사에도 잘 나타나 있다. 표 3-14에는 이 중 2007년 7~9월간 게재된 기사를 분류하여 제시하였다.

북한의 곡물생산량이 필요량에 미치지 못하여 연간 70~100만 톤의 식량이 외부에서 공급되어야 한다는 점에서 2000년 이후 남한 정부가 차관 형태로 제공하는 40~50만 톤의 쌀은 북한의 식량 부족 상황의 해소에 매우 중요한 부분을 차지하고 있으며 남한의 비료지원이 북한의 곡물생산량에 절대적인 영향을 미치고 있다(권태진, 2007a). 그러나 이러한 비료지원과 차관이 원활하게 된다 해도 20~50만 톤 가량의 식량은 여전히 부족한 상황이다. 절대적인 식량 부족 상황이 해소되지 않은 북한의 현 상태를 우려하는 국제사회는 개발 지원에 대한 약속과 함께 2006년 이후의 식량 지원을 계획하였으나 북핵문제로 2006년도에는 지원이 이루어지지 못하였으며 기금모금도 저조한 실정이다(WFP, 2007). 따라서 이러한 부족한 식량에 대해서는 북한 내 식량 생산 상황이나 국제사회의 지원규모에 따라 차이

표 3-14 2007년 7~9월간 『노동신문』과 『민주조선』에 게재된 식량관련기사

구분	기사 수(건)
감자	7
콩	6
밀, 보리	7
벼	2
가을채소(무, 배추)	4
과일	1
땅콩	2
버섯	1
초식동물(염소, 토끼)	10
닭, 오리	3
돼지	2
풀베기, 비료	9
사료 개발(가금류배설물 이용)	3
이모작 장려	1
추수(벼, 옥수수)	11

자료: 한국농촌경제연구원 홈페이지

는 있겠으나 북한 당국이 곡물 수입을 통해 해결해야 할 부분이다. 북한은 주로 중국과 태국을 통해 곡물을 수입하고 있다(권태진, 2007b).

그러나 최근 북한의 곡물수입량은 10만 톤 수준에 지나지 않고 있다. 식량을 자급하지 못하는 상황에서 북한이 적극적인 식량 수입에 나서지 않는 한 외부지원에 의존할 수밖에 없으나 북한의 정치적 상황에 의해 외부의 지원도 안정적이지 못한 상황이다. 2006년 북한의 핵문제로 외부의 지원이 원활하지 못하였기 때문에 2007년 초 절대적인 식량 부족이 예측되었다. 이와 함께 식량에 대한 접근성이 낮은 일부지역에서 아사자 발생에 대한 전언이 있었으나 공식적으로 확인되지는 않았다. 2007년 8월에는 또 한번의 대규모 홍수가 발생하여 어려운 식량 상황을 악화시켰고, 이에 따라 북한 당국은 OCHA와 북한 내 상주하는 국제연합 산하기구들에게 긴급구호를 재요청하였다.

에너지 급원인 다량 영양소 중 탄수화물은 곡물을 통해 주로 섭취되나 단백질은 주로 동물성 식품에서 얻는다. 북한의 식량생산 및 관련 동향을 분석한 한국농촌경제연구원(2007)의 북한농업동향을 살펴보면 단백질 급원의 공급을 위해 북한은 돼지고기 수입과 사육, 닭과 오리 등의 가금류 목장의 활성화를 통한 고기 및 알의 공급, 각 가정 내 염소, 토끼 등 초식동물의 가축사육을 장려하고 있다. 돼지고기의 경우 중국에서 2006년 한 해만 75만 4천 톤을 수입하였는데, 천 톤이 채 안 되었던 2000년에 비하면 급증하는 추세다(권태진, 2007b). 수산물의 경우는 조업을 위한 에너지의 확보가 필요하다는 점에서 생산의 제약이 있다. 그러나 1990년대 초 김일성은 한 연설을 통해 작은 배를 이용한 어업을 통해서라도 인구 1인당 어패류 150g, 해조류 50g을 섭취할 수 있도록 생산을 장려하였다.[1] 최근에는 논에서 메기 등을 양식하는 '논판양어' 방법을 보급하여 자연먹이를 이용한

1 김일성 저작집 제43권 1991년 12월 3일.

양식과 벼 생육의 증진을 시도하고 있다(농촌경제연구원, 2007). 또한 주요 작물이 아니었던 콩 재배를 장려하고 이를 이모작 작물로 재배하여 식량 확보와 동시에 지력을 향상시켜 식량증산에 기여하는 방안을 추진하고 있으며 중국에서 다량의 콩을 수입하고자 하는 계획을 수립하고 있다(한국농촌경제연구원, 2007).

지방의 급원으로는 동물성 식품을 섭취하는 것과 조리에 사용되는 식물성 유지의 섭취를 들 수 있다. 대외무역에서 중요한 부분을 차지하는 중국과 농림수산물 교역 내용 중 콩기름의 수입규모는 현저한 증가추세를 나타내고 있다. 2000년 2천 톤 규모에서 2005년 만 6천 톤 이상을, 2006년에는 4만 톤 가량을 수입하였다(권태진, 2007b). 이는 북한 주민의 콩기름 수요가 증가하면서 2003~2004년 동안 대두유의 시장 가격이 급등했기 때문으로 분석된다(권태진, 2007b). 또한 앞서 설명한 북한의 식량 수급 상황에 비추어 에너지 급원이 되는 다량 영양소 중 그 섭취비율이 부족한 것으로 추정되는 것은 지방 에너지라는 점과 북한 주민의 콩기름 수요가 높아지고 있다는 점에서 향후 북한 당국의 식량정책에 있어서 중요한 부분이 될 수 있을 것으로 본다. 실제로, 북한은 인도적 지원사업에 참여하고 있는 남한 민간단체들을 통해 콩기름의 지원이나 콩기름공장의 건설을 지속적으로 요구하고 있으며 대북지원사업의 중요한 이슈가 되어 왔다. 2007년 영유아 사업을 위한 북측과의 간담회에서 영양사업부문 북측 담당자였던 어린이영양관리연구소 어린이영양연구실장은 현재 북에서 인식하고 있는 주요 영양문제는 미량영양소(비타민, 무기질)보다는 다량영양소(탄수화물, 지방, 단백질)의 섭취 부족이며 특히 단백질과 지방의 섭취 부족에 대해 우려하고 있다고 하였다. 이에 대한 해결책으로 북한은 콩을 생각하고 있으며 콩 가공종합공장을 통해 다양한 콩가공식품을 생산함으로써 단백질과 지방 섭취 부족의 문세를 해결하고자 힌다. 논란이 많았으나 2007년 현재 영유아 사업에 참여하는 5개 컨소시엄 중 1개 컨소시엄에서 콩가공공장의 설립을 추진하고 있다.

이밖에 북한은 이미 1970년대 초부터 부식으로 섭취되는 채소 및 어육류 등의 가공을 위한 공장을 건설하여 전국적인 운송망과 냉동체계를 갖추었으며, 밥, 빵, 떡 등 주식류와 김치공장의 건설을 추진하였다.[2] 2007년 11월 25일 조선중앙통신에서는 남한의 반찬가게와 같이 음식을 만들어 파는 식료품점에서 각 가구 구성원의 생리적 특성을 기록한 장부를 작성하여 가구 내 식생활을 관리하고 있음을 소개하였다. 그러나 이는 평양 일부의 특수한 경우로 생각된다. 또한 북한 내 대부분의 식료품 공장을 비롯한 기반시설들은 현재 제대로 운영되지 못하고 있으며 확보된 식량들도 북한 전역에 균형적으로 보급되고 있지 못한 것으로 보인다. 현재는 WFP 등의 국제기구와 민간단체의 인도적 지원사업을 통해 지원되는 국수, 빵, 강화소금, 유가공품, 두유 등의 생산 공장이 운영되고 있다(김경희 외, 2007; Majeed, 2007). 안정적으로 식량을 확보하지 못하는 북한의 실정에서 수확철에 거두어들인 식량의 안전한 저장과 안정적인 공급을 위해 다양한 식품가공 공장들을 원활하게 운영하는 것이 중요하다.

다. 식량공급체계

2002년 7월 1일 이전까지 북한 주민의 식량을 비롯한 생활필수품은 국가가 배급제로 공급했다. 식량배급은 부족한 식량을 효율적으로 분배한다는 점과 나아가 주민통제의 수단으로 활용되었다. 표 3-15는 배급제가 정상적으로 이루어지던 시기에 대상에 따라 지급되던 식량공급량을 보여준다.

통일부 통일교육원(2007)의 『북한이해』에 수록된 식생활 현황을 살펴보면, 일반 노동자와 협동농장 농민의 배급 방식에는 차이가 있다. 일반 노동자들은 15일에 한 번 배급을 받으며 노동자 본인은 정해진 몫과 출결 상

---

2 조선 중앙연감 1973년 12월 31일, 1985년 12월 31일.

표 3-15 배급대상에 따른 식량공급량

급수	1일 식량공급량(g)	대상자
1급	900	유해직종 종사자, 중노동자
2급	800	탄광 · 광산의 갱 내 · 외 운반공, 중장비 운전자
3급	700	일반 노동자
4급	600	대학생, 연로보장자[1] 중 공로자, 투병 중인 환자
5급	500	고등중학생
6급	400	인민학생
7급	300	연로보장자, 가두여성,[2] 유치원생, 기타 부양자
8급	200	2~4세 어린이, 죄수
9급	100	1세 이하의 어린이

주: 1) 노동을 하지 않아도 식량배급을 보장 받은 노인

2) 부양을 받는 여성

자료: 통일부 통일교육원, 2001

태에 따라, 부양가족들은 정해진 몫에 따라 세대주의 직장에서 배급하였다. 협동농장 농민은 1년에 한 번 결산분배를 하는데, 본인이 속한 작업반의 생산량이 국가계획의 몇 %를 달성했느냐에 따라 이에 미치지 못하는 경우 그 비율만큼 차감 지급된다. 부식 역시 배급제로 공급되는데 가구별 가족 수에 따라 정해진 배급량을 국정가격으로 국영상점에서 구입해 왔다. 주요 공급품목은 간장 · 고추장 · 된장 등 장류와 식용유 · 달걀 · 육류 · 당과류 등이다. 그러나 실제로 배급량이 충분하지 못해 대부분 장마당에서 비싸게 구입하는 일이 많고 특히 소금과 배추는 가장 구하기 힘든 부식에 속한다고 하였다.

이러한 국가배급제는 식량 사정의 악화로 1990년대 들어 평양을 제외한 지역에서 상당부분 붕괴되었다(임순희 외, 2006; 통일부 통일교육원, 2001). 북한은 식량난이 심각해지면서 구황식품으로만 이용했던 감자 · 고구마 · 도토리를 식량배급체계에 포함시켰으며 각종 채소류와 나물, 밀가루를 이용한 대용식품의 보급에 힘썼으나 북한의 고위층조차도 식량난의 심각성을 인정하여 기관별 · 직장별 · 행정단위별로 자체 해결하라는 지시를 내렸다. 이는 배급제도의 운영을 사실상 포기한 것이며, 2002년 7월에는 7 · 1

경제관리개선조치를 통해 유명무실하던 배급제도 대신 국영시장에서 현물가로 구매하도록 하는 제도를 도입하였다. 그러나 7 · 1 경제관리개선조치 도입 후에도 식량통제 목적으로 배급표와 배급체계는 유지하고 있다.

식량배급제가 제 기능을 하지 못하면서 대부분의 주민들은 농민시장이나 암시장을 통한 거래를 해왔다. 7 · 1 조치는 이를 양성화하여 일상용품의 가격을 시장가격으로 인상하고 임금수준도 이에 상응하는 비율로 인상하여 쌀 가격은 kg당 8전에서 44원으로, 사무직 종사자와 생산직 근로자의 임금은 각각 140원과 110원에서 1,200원과 2,000원으로 인상하였다. 그러나 장마당의 물가는 더욱 큰 폭으로 상승하여 쌀 가격은 kg당 900~1,200원에 이르고 있다. 또한, 국가에 납입해야 할 세금의 확대와 임금의 미지불 등으로 북한 주민의 생활과 식량 사정은 어려운 상황을 벗어나지 못하고 있으며 공장이 제대로 가동되지 못하기 때문에 특히 도시의 공장노동자들은 식량 구입을 위한 수입의 확보가 어려운 실정이다(임순희 외, 2006).

② 어린이 영양정책

가. 정책의 개요

북한에서는 무엇보다 어린이에 대한 정책을 중요시하는 것으로 보인다. 북한의 어린이보육교양법에서는 '제일 좋은 것을 어린이들에게' 주기 위해 국가와 사회가 필요한 모든 것을 책임지고 보장한다고 규정하고 있다. 가족법에서는 어린이와 어머니를 특별히 보호해야 할 대상으로 규정하고 특히 어머니가 어린이를 잘 양육할 수 있도록 하는 것에 중점을 둔다고 규정하였다.

북한은 1990년 아동권 협약에 가입하여 이에 따르는 행동계획 및 선언에 서명하였으며 2000년까지 달성하고자 하는 목표의 국가행동계획을 작성하였다. 협약의 내용 중에는 아동의 식량권과 건강권에 관한 조항이 포함되어 있으며 북한은 아동권 협약 이행보고서를 통해 1995년에서 2000년의 보고기간 동안 경제적 어려움 속에서도 아동의 복지 및 생존과 발달을 위해 많은 돈을 충당하였다고 보고하고 있다(김수암 외, 2007). 그러나 아동들이 처한 현실의 삶은 여전히 어렵고 영양불량 문제가 심각한 수준인 것으로 알려져 있다.

나. 주요 정책

김정일 위원장의 지시사항이 그대로 정책으로 반영되고 있으며 이러한 내용은 신문이나 방송매체, 학술지 권두언 등에 잘 나타나 있다. 또한, 각 연구기관의 연구내용은 당의 정책방향과 국가계획위원회의 정책내용에 따라 정해지기 때문에 어린이영양관리연구소의 연구내용과 학술지에 보고되는 연구결과들은 북한 내 주요 영양정책을 반영한다고 볼 수 있다.

한국과학기술정보연구원(KISTI)의 북한과학기술네트워크[3]에서 제공하는 북한 정책원전 자료를 통해 어린이 영양과 관련된 내용을 살펴보면 어린이의 성장촉진과 지능발달을 목표로 하는 것이 주를 이루고 있다. 학술연구에 있어서도 어린이의 성장발달을 촉진시키기 위한 연구에 중점을 두고 있다. 1970년대 초부터 어린이 식료품과 영양제 생산을 위한 연구와 생산체계 조직에 힘써 어린이영양관리연구소와 어린이 식료품공장을 운영하고 있다.

2003년 3월 조선중앙통신은 어린이영양관리연구소가 1984년 5월에 창립된 이래 어린이 영양연구의 중추적인 역할을 하고 있다고 보고하였다. 평양의 동대원구역에 위치한 이 연구소는 의학과학원 산하기관으로 젖대용품연구실, 미량영양식품연구실, 치료식품연구실 등 10여 개의 연구실과 중간공장을 갖추고 있다고 한다. 주요 연구 분야는 인공영양(분유), 영양불량의 예방과 치료, 성장촉진과 지능발달, 식품 안전성에 관한 것들이다. 동 연구소에서 개발된 조제유와 키크기-지능콩, 도토리를 이용한 음료와

3 http://www.nktech.net

분말식품, 구기자를 이용한 칼슘보충제 등에 대해 자체적으로 높이 평가하고 있으며 콩을 이용한 영유아식 개발에 중점을 두고 있다고 밝히고 있다. 또한, 1998년 이후 수행되고 있는 북한 영양조사의 주요 수행기관으로 참여하고 있으며, 남한의 남북어린이 어깨동무와 어린이 의약품지원본부 등이 두유와 의약품 생산에 관련하여 지속적으로 연구소를 지원하고 있다.

2002년 1월 21일 조선중앙통신은 평양어린이식료품공장을 소개하였다. 평양어린이식료품공장은 북한에서 관련분야의 모체가 되는 공장으로 1971년 처음 조업을 시작하였다. 주요제품은 애기 젖가루, 영양암가루, 콩우유 등과 남새, 물고기, 다시마 등을 이용한 10여 종의 영양가루 등 영유아식을 제조하고 있다. 생산된 콩우유는 인근의 중학교, 인민학교, 유치원, 탁아소로 직송되고 있으며, 경제 사정이 좋지 않았던 지난 수년 동안에도 한 번도 조업을 멈추지 않고 어린이들에게 영양식료품을 제공해 왔음을 강조하였다. 이 역시 남한의 '어린이 어깨동무'의 지원을 받고 있는 곳이다.

영양연구 내용들이 보고되고 있는 북한 학술지를 살펴보면 어린이 건강상태 평가, 어린이들의 미량영양소 필요량 연구, 개발된 영양보충제의 효능, 성장발달을 돕는 식생활 습관, 인공영양 방법, 이유보충식, 설사병 치료제 등에 대해 보고하고 있다. 북한 어린이의 심각한 영양불량 상태가 보고된 1998년 이후의 연구내용 중에는 어린이들의 신체 성장을 촉진하기 위한 영양강화제와 콩을 기본으로 하는 영양보조식품들의 개발과 그 효과에 관한 연구가 보고되고 있다.

표 3-16에는 북한과학기술네트워크를 통해 검색한 영양관련 주요 학술지에 게재된 어린이 영양연구 현황을 제시하였다. 또한, 『과학의 세계』 2006년도 각 호에 수록된 내용을 분석하여 최근의 영양 및 식품 연구동향을 표 3-17에 제시하였다.

표 3-18에는 북한과 남한의 영유아 및 어린이 영양소 섭취기준을 비교

표 3-16 북한의 주요 학술지에 게재된 어린이 영양연구 현황

구분	주요 내용
1980년대	산모의 식품섭취 임신 시 영양상태와 임산부 건강 어린이 성장평가 방법 발육평가도구의 원리와 이용법 정소년 신체발육평가 키와 비체중을 이용한 발육평가법 학령 전 시기의 키 크기
1990년대	임산부와 산모의 기초대사량과 영양소요량 학령기 어린이의 열량대사 생활습관과 신체발육 어린이 정신 및 운동 능력발달 어린이 건강상태 평가 인공영양방법 모유수유와 이유, 이유보충식 탁아소 이유기 어린이의 식품 및 영양 구성 어린이 불소 섭취량 및 보충량 학령기 및 전기 어린이의 비타민 C 섭취기준 및 필요량 어린이의 철분 섭취와 지적능력 낫또콩젖의 효과-어린이 설사 예방과 성장발육 콩우유와 인민학교 어린이의 성장발육 어린이 영양제품의 영양소 함량 영아의 질병과 요인 탁아소 어린이의 밥상규격
2000년대	영양섭취 상태 조사방법 어린이 건강상태 평가 학령전 어린이의 열량대사 비타민 B_1 필요량 영양강화제의 효과 감자를 이용한 이유식 개발 탁아소 어린이의 생활습관

하여 제시하였다. 북한의 섭취기준은 단위체중당 에너지 및 주요 영양소 필요량으로 제시되어 있는 것을 영양소 간 비율로 환산하여 한국인 영양 섭취기준과 비교 가능한 형태로 구성하였다. 비교를 위해 제시한 남한의 기준은 한국영양학회(2005)의 한국인 영양섭취기준이다. 북한 자료의 경우

표 3-17 북한 학술잡지 『과학의 세계』의 2006년 각 호에 게재된 영양 및 식품연구 현황

구분	연구제목
식량생산	고구마재배기술의 발전동향
식품가공	식료품가공에서 고압기술의 응용 최근 간장생산기술의 연구동향 새로운 마늘절임 제조방법 독특한 향미를 주는 발효간장 새 형의 기능성 기름 식료품공업에서 고밀도자화수의 리용 식료품생산에서 오존수의 리용
질병과 식사	암예방과 식사 음식물과 종양 몇 가지 질병에 따르는 식사료법 섭생과 건강상식 10가지
기능성 식품	체육음료와 건강 고혈압치료에 특효인 두충나무잎 우림액 체력을 회복시키는 데 좋은 콩펩티드 그물갓버섯의 영양가치와 약용효과
영양	음식물 속에 들어있는 각종 영양소들의 함량(2) 로인들이 매일 먹는 음식에 들어 있어야 할 표준영양물질 단백질연구의 과거와 현재, 미래 아미노산과 건강
식품	버섯과 건강 건강식료품–콩 건강에 좋은 딸기단묵 건강에 좋은 굴 료리 인기있는 음료 커피의 유래

연구진이 방문 조사한 황해도 사리원 소재 한 육아원 분원의 주방에 게시되어 있는 것으로 공식적인 영양기준 또는 급식기준인지에 대해서 확인하지 못하였으나 영양 및 식량수급의 세부적인 부분까지 중앙에서 통제되는 북한 실정을 생각할 때 비교자료로서 의미가 있는 것으로 생각되어 제시하였다. 남한과 비교할 때 3대 영양소의 비율은 크게 다르지 않으나 단백질과 에너지의 섭취기준은 다소 높은 것으로 보인다.

표 3-18 북한과 남한 어린이의 에너지 및 영양소 섭취기준

<table>
<tr><th colspan="6">북한[1]</th><th colspan="4">남한[2]</th></tr>
<tr><th>연령
(세)</th><th>에너지
(kcal/kg)</th><th>단백질
(g/kg)</th><th>지방
(g/kg)</th><th>탄수
화물
(g/kg)</th><th>주요
영양소
비율[3)4)]</th><th>연령
(세)</th><th>에너지[5]
(kcal/kg)</th><th>단백질
(g/kg)[6]</th><th>주요
영양소
비율[4]</th></tr>
<tr><td rowspan="2">1-5</td><td rowspan="2">95~80</td><td rowspan="2">2.5~3</td><td rowspan="2">2.5~3</td><td rowspan="2">12~15</td><td rowspan="2">12:27:61</td><td>1-2</td><td>82</td><td>1.2</td><td>7~20:
20~35:
50~70</td></tr>
<tr><td>3-5</td><td>86</td><td>1.1</td><td rowspan="4">7~20:
15~30:
55~70</td></tr>
<tr><td>5-10</td><td>80~70</td><td>2.5~3</td><td>2.5</td><td>15</td><td>11:24:65</td><td>6-8</td><td>67</td><td>1.0</td></tr>
<tr><td rowspan="2">10-15</td><td rowspan="2">70~50</td><td rowspan="2">2</td><td rowspan="2">2</td><td rowspan="2">15~18</td><td rowspan="2">-</td><td>9-11</td><td>55</td><td>1.0</td></tr>
<tr><td>12-14</td><td>48</td><td>남 0.98
여 0.95</td></tr>
</table>

주: 1) 북한 사리원 소재 한 육아원 분원의 주방에 게시되어 있는 일일 영양소 필요량 기준
2) 한국인영양섭취기준(한국영양학회, 2005)
3) g당 비율로 되어 있는 것을 에너지 비율로 환산함
4) 단백질(kcal): 지방(kcal): 탄수화물(kcal)
5) 일일 에너지 필요추정량과 체위기준을 이용하여 환산함
6) 일일 권장섭취량

2) 국제사회의 대북 영양정책 현황

UN 회원국들은 2000년 9월 UN 새천년 정상회의(Millenium Summit)에서 새천년 선언(Millenium Declaration)과 새천년 개발 목표(Millenium Development Goal, MDG)를 채택하여 공동의 번영을 위한 전 세계적인 발전방향에 대한 뜻을 같이하였다. 새천년 개발목표는 2015년까지 달성하고자 하는 8가지의 목표로 구성되어 있는데, 이들 목표는 첫째, 극심한 빈곤과 굶주림의 근절, 둘째, 전 인류의 1차 교육 수혜, 셋째, 양성평등의 증진과 여성의 능력 배양, 넷째, 어린이 사망 감소, 다섯째, 모성건강 향상, 여섯째, HIV/AIDS, 말라리아 등의 질병 퇴치, 일곱째, 환경보전, 여덟째, 개발을 위한 전 세계적 협력 발휘다. 이러한 목표들은 계량 가능한 18가지의 구체적인 세부목표로 이루어져 있고, 2015년까지 달성을 목표로 하여 48가지의 지표를 통해 주기적으로 측정하고 있다(UN, 2007).

UN은 기존에 인도주의 사업 조정 사무소 등을 통해 전 세계적으로 발생하는 긴급구호 상황이나 자연재난에 대한 대응 외에 상기한 MDG 달성을 위해 회원국에 대한 지원을 수행하고 있으며 북한 내에서도 이러한 기조에서의 지원정책을 견지하고 있다. 2004년 말까지 UN의 통합지원 절차에 의해 인도적 지원 사업이 수행되는 동안 북한 내에서의 구호 필요성과 그 정도에 대한 상황분석을 통해 지원의 내용과 규모를 결정하고 지원에 참여하는 UN과 기타 기구들은 분야별로 역할을 분담하여 지원사업을 수행해 왔다. 2004년 8월 북한이 통합지원 절차에 의한 지원 거부와 2005년 말까지 모든 인도적 지원을 철회해 줄 것을 요청함에 따라 상당수의 지원기관들이 북한 내 사업소를 폐쇄하였다. 그러나 현재까지도 상주사무소를 운영하고 있는 일부 UN 산하기구들과 국제기구와 국제 비정부단체(NGOs)들은 비공식적인 정례회의를 통해 협조체계를 유지하였다. 또한, 평양에 상주하던 인도주의 사업 조정 사무소가 철수한 후 UNDG가 북한 내 상주하는 UN 산하기관의 사업을 조정 지원하였다(UNDG, 2007). UN의 북한 관련 자료는 데이터베이스화[4]하여 관리되고 있다. 표 3-19에는 국제기구 간 대북지원 조정 작용에 대해 제시하였다.

북한이 인도적 지원을 철회하고 개발을 위한 지원을 요청함에 따라 국제사회는 2006년 UN의 상주 조정관 및 북한 내 상주하는 6개 UN 산하기구로 구성된 지역사업팀을 중심으로 북한 내에서의 지속적인 사업 수행을 위해 2007~2009년간의 북한 개발 목표와 전략을 수립하여 북한 당국에 제안하였고 북한이 이를 수락하였다(Office of the United Nations Resident Coordinator, 2006). 이 개발전략은 북한이 MDG를 성취하는 데 UN이 기여할 수 있는 5개의 주요 영역 중 북한 내 우선순위가 높은 목표들을 반영하고 있다. 북한 개발전략의 5개 영역과 전략 수행을 통해 추구하고 있는 결과

4 http://www.reliefweb.org

표 3-19 국제기구 간 대북지원 조정 작용

국제기구	활동내용
UN OCHA[1]	• 국제연합 인도주의사업 조정 사무소 • 긴급 혹은 재난 상황에 처한 해당지역에서 활동하는 여러 기구들의 통합지원 요청에 따른 절차를 거쳐(consolidated appeal process, CAP) 인도주의적 지원 총괄 • 북한정부가 2004년 8월 CAP에 따른 지원 거부의사 표명하고, 2005년도 말까지 긴급구호 형태의 지원 중단을 요구함에 따라 공식적인 활동 종료 • 2008년 홍역 발생으로 인한 긴급기금호소 • 2008년 8월 자연재해로 인한 긴급지원 재요청
UNDG[2]	• 국제연합 개발그룹 • 개별 국가에서 활동하는 UN 산하기관을 중심으로 상주조정체계(Resident Coordinating System)를 구성하여 사업 계획 및 조정 • UN 상주 조정관 사무소(Office for United Nations Resident Coordinator)

주: 1) Office for the Coordination of Humanitarian Affairs
2) United Nations Development Group
자료: 각 기관 홈페이지

표 3-20 국제기구의 북한 개발전략

영역	국가적 우선순위	결과
경제관리	경제관리능력 향상	경제성장, 대외 무역 및 투자 증가 및 사회경제 개발을 위한 추가적인 자원 산출
유지 가능한 에너지	경제성장을 위해서는 충분한 에너지 공급이 필요함	유지 가능한 에너지의 가용성과 이용 향상
환경관리	개발지속을 위한 환경 향상	환경관리능력 향상과 환경자원의 지속적인 이용에 기여
식량 가용성 증진	삶의 질 향상을 위한 식량안정성의 유지	가구 및 국가 수준에서 식량의 가용성 증진
기본적인 사회 서비스	국민의 삶의 질 향상을 위한 사회발전	공중보건, 모자보건 및 영양, 교육, 식수 및 위생 영역에 역점을 둔 기본적인 사회서비스의 질 향상

자료: Office of United Nations Resident Coordinator, 2006

를 표 3-20에 제시하였다.

표 3-21은 2007년 현재 보건영역분야에 참여하는 기구들이 역할을 나누어 수행 중인 사업 분야며, 표 3-22는 북한의 통합지원 절차 거부의사 표

표 3-21 대북 인도지원의 보건영역에 참여하는 국제기구들의 역할

참여기구	역할분야
WFP,[1] FAO,[2] UNDP,[3] UNICEF,[4] NGOs 등	식품 안정성[8] 확보
UNICEF, WHO,[5] UNFPA,[6] IFRC,[7] NGOs 등	건강 및 영양 분야
UNICEF, IFRC, NGOs	식수 및 위생
UNICEF	교육

주: 1) World Food Programme
2) Food and Agriculture Organization
3) United Nations Development Programme
4) United Nations Children's Fund
5) World Health Organization
6) United Nations Population Funds
7) International Federation of Red Cross
8) Food Security

자료: WHO DPR Korea, 2007

표 3-22 2003년 당시 북한 내에서 보건영역에서 활동한 국제기구들

구분		기구명
UN 산하기구		FAO,[1] UNDP,[2] UNICEF,[3] WFP,[4] WFP-FALU,[5] WHO,[6] UNFPA,[7] OCHA[8]
국제기구		IFRC,[9] ICRC[10]
비정부단체	상주	ADRA,[11] Campus for Christus, CESVI,[12] Concern Worldwide, GAA, HI,[13] PMU Interlife, Triangle GH
	비상주 (FALU 경유)	Caritas, World Vision, ACT, CFGB

주: 1) Food and Agriculture Organization
2) United Nations Development Programme
3) United Nations Children's Fund
4) World Food Programme
5) World Food Programme-Food Aid Liaison Unit
6) World Health Organization
7) United Nations Population Funds
8) Office for the Coordination of Humanitarian Affairs
9) International Federation of Red Cross
10) International Committee of Red Cross
11) Cooperazione e Sviluppo
12) Deutsche Welthungerhilfe
13) Handicap International

자료: WHO, 2004

명 이전인 2003년 당시 평양을 기반으로 보건영역에서 인도적 지원과 개발지원 사업을 수행하던 기구들이다.

UN의 북한개발전략 중 4번째, 5번째 영역은 영양정책 관련분야로 북한 및 북한을 지원하는 국제사회는 이를 통해 북한 내 가구 및 국가 수준에서 식량 가용성을 증진시키고, 공중보건, 모자보건 및 영양, 교육, 식수 및 위생 영역에 역점을 둔 기본적인 사회서비스의 질을 향상시키기 위한 사업을 계획하고 있다(Office of the United Nations Resident Coordinator, 2006). UN에 제안하는 개발전략은 식량 가용성을 증진시키기 위해 특히 곡물과 원예작물 생산능력의 증진, 가축과 수산업 능력 증진, 식량자원의 관리와 각 가구의 식량접근성 향상, 식품가공능력 증진, 영역별 전략과 정책수립 및 적용, 통계자료 산출과 관리능력 향상 등의 6개 분야에 중점을 두고 있다. 건강과 영양 분야에 중점을 두는 사회 서비스 영역의 목표 성취를 위해 UN은 북한 당국을 도와 기본적인 건강관리 서비스의 질과 접근성을 높이고, 질병의 진단능력과 감시 기능 향상, 가족계획을 포함하는 임신과 출산에 관련된 건강 증진, 초기 아동기의 성장발달과 보살핌 향상, 가임기 여성의 철분 엽산 보충, 임신 중 복합 미량영양소 공급 등을 계획하였다.

표 3-23 대북 영양지원을 수행하는 주요 국제기구의 사업내용

국제기구	사업내용
WFP	• 기본 인구사회학적 정보 • 곡물중심의 식량 지원, 강화식품가공 지원 • 어린이, 여성, 노인 등 취약계층을 대상으로 한 구호사업 • 2005년도 긴급구호 형태의 지원 중단 후 2006년 초 2007년까지 2년간의 식량지원에 대한 재협약
FAO	• 다양한 기술협력프로그램을 통하여 북한의 식량문제 해결과 농업기반 확충을 위한 기술지원을 해옴
UNICEF	• 비타민과 무기질 보충사업(철과 엽산 보충사업, 요오드 캡슐 배급사업, 강화식품용 미량영양소 제공) • 영양불량 치료용 우유 제공

자료: 각 기관 홈페이지

전 세계적으로 볼 때 유병률과 임상적인 중요성 측면에서 관심을 가지는 미량영양소로는 요오드, 철분, 아연, 비타민 A, 엽산 등이다. 이 중 요오드, 철분, 비타민 A 결핍에 대해서는 UNICEF 등의 국제연합 산하기구에서 사업하는 지역의 영양 개선을 위한 주요 사업 분야로 설정되어 있다. 표 3-23은 대북 영양지원을 수행하는 주요 국제기구의 사업내용이다.

(1) UN OCHA

UN OCHA[5]는 긴급구호 상황이나 자연재난에 대한 UN의 대응을 강화하기 위해 고안된 기구로 이러한 상황에서 UN의 인도주의 기능 수행의 효율성 증진을 목적으로 하고 있다.

긴급구호 조정관(Emergency Relief Coordinator, ERC)을 장으로 하는 기구 간 상임위원회(Inter-Agency Standing Committee, IASC)를 통해 의사결정을 내려 조정기능을 수행한다. UN 산하기관, 적십자, NGO, 각종 기금과 프로그램 등 인도주의 사업을 하는 모든 기구가 참여하며 사업 수행을 위한 자금은 UN 재정의 일부와 기부금으로 구성된 중앙긴급회전기금(Central Emergency Revolving Fund, CERF)을 사용한다.

사안에 따라 긴급한 경우 즉각적인 기금 호소(Flash Appeal)를 하기도 하나 일반적인 인도적 지원은 통합호소절차(Consolidated Appeals Process, CAP)를 통해 이루어진다. 이는 현지 상황을 분석하여 참여 기구 간 역할을 분담하고 우선순위에 따른 사업계획을 세운 뒤 이러한 보고서를 가지고 국제사회에 기금을 호소한다. 사업수행과 기금모금에 따라 사업계획을 수정하고 지원 상황 및 결과를 모니터링하는 전 과정은 1년 주기로 순환되며 매년 이러한 모든 내용을 담은 사업보고서를 작성한다. 해당지역의 구호상황은 재정추적시스템(Financial Tracking System, FTS)을 통해 추적 관리

5 http://ochaonline.un.org

된다.[6]

북한에 대한 국제사회의 인도적 지원은 OCHA의 조정기능에 따라 이루어져 왔으나 북한정부가 2004년 8월 CAP에 따른 지원 거부의사를 표명하고 2005년도 말까지 긴급구호 형태의 지원 중단을 요구함에 따라 북한에서의 공식적인 활동이 종료되었다(UN OCHA, 2005, 2006, 2007). 그러나 2007년 8월 평양시가지가 물에 잠기는 큰 홍수로 방침을 바꾸어 다시 인도적 지원의 재개를 요청하였다. OCHA를 통한 북한에 대한 지원내역과 OCHA 활동이 종료된 기간 동안 국제기구를 통해 지원된 내용은 FTS를 통해 확인할 수 있다.

(2) UNDG

UNDG[7]는 개별 국가 차원에서 효과적으로 개발 지원을 수행하고자 하는 UN의 개혁사업 추진을 위한 기구로서 1997년 창설되었다. 개발지원 사업을 수행하고 있는 국제기구 산하기관들로 조직되어 현재 참여하고 있는 회원기관은 28개 산하기관과 입회인 자격의 5개 외부기관이 있고, 일반적으로는 UNDP의 장이 의장을 겸하고 있다. UN은 이 기구를 통해 국가별 빈곤퇴치를 비롯한 새천년 개발 목표(Millenium Development Goals, MDG) 달성을 지원하는 UN의 영향력을 증진시키고 있다.

국가별로 상주 조정 체계를 수립하여 UN 상주조정관 사무소(Office of the United Nations Resident Coordinator)를 두고 개별 국가 내에서 활동하는 UN 산하기관의 사업을 지원하고 조정한다. 2007년 초까지 북한에는 6개의 UN 산하기관 — FAO, UNDP, UNFPA, UNICEF, WHO, WFP — 이 UN 체계를 형성하며 사업을 수행하였다. 그러나 미국에 의해 제기된 UNDP의 지원이 북한 내 전용되고 있다는 의문에 대해 국제연합 내에서는 사업 절차상의

6 http://ocha.unog.ch/fts2
7 http://www.undg.org

문제점을 시정하고자 하는 방침을 세우고 이에 대한 수용을 북한에 제시하였으나 북한이 거부함에 따라 2007년 3월 1일 이후 UNDP가 수행하던 북한 내 모든 사업은 보류된 상태다.

(3) WFP

WFP[8]는 국제연합 내 식량 원조를 담당하는 기구다. 전 세계적으로 굶주림과 빈곤을 근절하는 것을 목표로 하여 자연재해의 피해자들, 난민, 빈곤지역, 여성을 중심으로 긴급구호 및 사회경제개발 지원을 위한 식량원조사업을 수행한다. 1960년, 당시 사무총장이던 Dwight Eisenhower가 UN 총회에서 "a workable scheme should be devised for providing food aid through the UN system"을 제안함에 따라 1961년부터 3년간 FAO와 시범프로그램을 운영하였고, 1965년 필요성이 계속되는 한 프로그램 운영을 지속하기로 의결한 이후 오늘에 이르고 있다.

WFP는 식량지원에 앞서 대상지역과 국가의 지원 필요성과 규모를 산정하여 지원계획을 수립한다. 이 때 긴급구호 상황에 처한 인구의 규모와 이에 대한 즉각적인 대처 방법을 찾는 동시에 식량지원 외에도 식수, 보건서비스의 제공, 농업지원 등의 필요에 대한 평가를 병행하여 *Emergency Food Security Assessments* 보고서를 작성한다. 이 외에도 사업에 함께 참여하는 타 기관과의 공동조사 및 분석을 통해 작성하는 보고서들이 있다.

WFP는 1995년 이래 북한 내 취약계층을 중심으로 하는 식량지원사업의 중추적인 역할을 수행하며 2005년 말 긴급구호활동이 종료되기까지 10년 이상 400만 톤, 17억 달러의 식량을 지원하였다. 북한이 모니터링에 대한 거부감을 표현하며 긴급구호 형태의 지원 대신 중장기적 지원계획을 요구하였으나 WFP와 같은 국제기구들은 북한의 식량 사정이 인도적 지원을

8 http://www.wfp.org

중단하기에는 아직 이르다는 분석을 내놓았다. 2006년 초 영양결핍의 개선과 식량 안정성에 대한 기반을 마련하는 2년간의 사업을 제안하여 5월 북한이 이를 수락하였다(WFP, 2007b).

새로운 사업에서는 190만 명의 수혜자들에게 15만 톤의 식량을 지원하기로 하였으며 수혜자의 대부분은 여성과 아이들이다. 주요 사업내용은 식품공장 지원을 통해 비타민과 무기질을 강화한 식품을 생산하여 어린이와 임신부, 수유부에게 제공하며, 도시의 실직자들에게 생계지원사업으로 곡물을 배급하고 농업 및 다른 기반사업의 재건을 목적으로 하는 지역사회 개발사업에 참여하게 하는 것이다. 특정 계층을 목표로 하지 않는 전반적인 식량배급은 일단 식량 사정이 가장 좋지 못한 30개 군에 집중적으로 지원하는 것으로 시작하였고, 수혜기관과 중앙배급소, 생계지원사업장 등을 주기적으로 방문하여 지원의 투명성, 성과, 영양상태 개선 등의 평가를 계획하였다(WFP, 2006). 이전의 사업내용과 크게 달라진 것은 없으나 연간 지원규모는 예년의 15% 정도로 크게 감소한 수준이다. 사업기간 중 WFP는 UNICEF 및 북한 당국과 공조하여 영양조사를 시행하기로 계획하였다. 또한, 이와는 별도로 사업 중 세밀한 기초조사와 식량의 부족 및 지원필요규모에 대한 주기적인 상황 평가를 계획하고 있으나 북한과 합의된 것은 아니다.

그러나 2006년 북핵 문제로 기금모금이 부진하였고 지원도 원활하게 이루어지지 못하였다(WFP, 2007). WFP는 자체적으로 2007년 초까지 사업 실행에 필요한 자금의 18%만 확보된 상황이며, 기금모금의 저조와 북한당국의 지역 접근에 대한 비협조가 주된 걸림돌이 되고 있다(WFP, 2007b). 표 3-24는 2006년 이후 2년간 계획된 식량지원 내역과 규모다. 지원되는 식량은 일부지역의 곡물배급과 강화식품 생산에 원재료로 사용될 곡물이다.

(4) FAO

FAO[9]는 굶주림을 해소하기 위한 국제적 노력을 선도하고 있다. 이를 위

표 3-24 2006년 이후 2년간 계획된 WFP 식량지원 내역과 규모

식품	물량(톤)	가격(USD)
옥수수	58,800	8,700,000
밀	17,738	2,838,080
쌀	2,500	650,000
대두	44,300	19,492,000
식용유	3,980	3,781,000
설탕	8,394	2,308,350
우유와 치즈	15,086	33,189,200
합계	149,998	70,958,630

자료: WFP, 2006

해 FAO는 정책토론과 합의를 위해 개발국 및 저개발국 모두가 평등한 자격으로 참여하여 논의할 수 있는 장을 제공하고, 지식과 정보를 제공하며, 저개발국, 전환기에 있는 국가들에게 농수산임업의 현대화 및 향상과 국민에게 충분한 영양을 제공할 수 있도록 지원한다.

FAO는 북한에서 곡물 생산을 지원하는 한편 긴급구호 형태의 지원, 농업 및 식량 안정성에 있어서의 재건 및 복구 사업을 적절히 수행하며 북한의 식량문제 해결과 농업기반 확충을 위한 기술지원을 하고 있다. 2007년 FAO가 추진 중인 사업은 식물성 유지 생산을 위한 작물의 산출과 가공 능력을 강화하는 것, 양식, 근해어업 및 가축사육 지원, 근해 바닷물에 침수되었던 농토의 재건 등이다(FAO, 2006). 이는 앞서 기술한 UN의 북한 개발전략 중 식량가용성 증진을 위해 중점적으로 추진하는 6개 분야 — 곡물과 원예작물 생산능력의 증진, 가축 및 수산업 능력 증진, 식량자원의 관리 및 각 가구의 식량접근성 향상, 식품가공 능력 증진, 영역별 전략과 정책 수립 및 적용, 통계자료 산출 및 관리능력 향상 — 에 기초한 것이다.

9 http://www.fao.org

(5) UNICEF

UNICEF[10]는 아동의 생존과 발달, 교육 및 양성평등, HIV/AIDS와 어린이 아동보호, 정책옹호 및 협력을 중점 사업 분야로 하고 있다. 이 중 건강 및 영양관련 사업으로는 가정과 지역사회 차원에서의 건강증진을 위한 질병과 영양불량의 예방 및 보살핌, 모유수유 촉진, 적절한 식품과 건강한 식사 공급을 통한 영양소 결핍 방지, 삶 유지를 위한 기술 교육, 주기적인 모니터링과 통계자료 구축 등이다.

북한에서 UNICEF는 만 5세 이하의 어린이, 임신부, 산모를 대상으로 다음의 세 분야에서 사업을 수행하고 있다. 이는 건강 및 영양 분야, 식수 및 환경위생 분야, 교육 분야다. 영양사업을 수행하면서 1998년, 2000년, 2002년, 2004년 총 4회에 걸쳐 북한 당국 및 WFP 등 국제기구와 공동으로 영양실태 조사를 실시하여 영유아 및 모성의 영양실태를 모니터링하고 있으며 이를 통해 작성되는 보고서는 북한의 영유아 및 모성 영양실태에 대한 가장 믿을만한 자료를 제공한다. 2006년에도 동일한 영양조사가 수행될 예정이었으나 북한이 독자적으로 수행할 것을 통보하고 2007년 4월 UNICEF 평양사무소에 주요지표의 간략한 조사결과만을 통보해 왔다.

현재 북한에서의 사업은 크게 전국적으로 수행하는 사업과 집중 사업지역으로 선정된 곳에서 수행하는 사업으로 나누어 진행되고 있다. 사업의 계획에 앞서 사업내용의 우선순위를 두고 계획을 수립하여 자금조달 현황에 따라 사업 수행에 지장이 없도록 하고 있다. 2007년도의 경우, 총 목표예산 천만 US 달러 중 약 2/3 수준인 645만 US 달러를 건강과 영양 분야 사업에 책정하였다(UNICEF, 2007). 계획한 사업은 표 3-25와 같다

---

10 http://www.unicef.org

표 3-25 2007년 UNICEF의 북한 사업 중 건강 및 영양 사업 분야

구분	사업내용
전국규모 사업	• 예방접종, 비타민 A, 구충제, 지사제 및 필수의약품 제공, WHO와 국제적십자연맹과의 협력을 통해 향후 3년간 필수의약품의 외부 조달규모를 축소하기 위한 전략 개발 • 중증 영양불량 아동의 치료와 치료목적의 우유 제공 • 임신부 및 분만 후 6개월까지의 산모에게 영양제 공급 • 2800곳 이상의 의료시설에 기초의료 키트의 조달과 배포 • 어린이의 설사 치료에 이용되는 경구 투여하는 탈수방지용 소금(oral rehydration salt, ORS)의 자체 생산 지원(목표: 지역수요의 약 90% 생산 수준) • 의료진 재교육, 보육 담당자의 영양 및 위생 교육 등 • 보육시설에서의 어린이 성장발달 모니터링 지원
일부 지역의 중점사업	• 아동 질병의 통합적 관리 모형(Integrated Management of Childhood Illness Model)의 확대 적용(3개 군 이상) • 건강관리정보시스템의 강화(10개 군) • WHO의 새로운 성장표준을 도입하여 평가(일부) • 탁아소 및 가정에서의 영유아의 영양공급과 보육방법에 대한 홍보 지원(10개 군) • 신혼부부에게 영유아 및 임신 전, 중, 후 여성의 건강관리법, HIV/AIDS에 대한 홍보 내용 등을 포함한 교육 자료를 배포하는 시범사업의 개발(일부) • 탁아소 및 육아원의 아동과 임신부 및 수유부에게 공급하기 위한 약 36,000 MT의 특수영양식품에 혼합될 비타민, 무기질 조달- WFP와의 협력사업(30개 군)

자료: UNICEF, 2007

3) 남한의 대북 영양정책 현황

1995년 북한의 식량문제가 표면화되면서 남한 당국도 북한의 인도적 지원에 참여하게 되었으나 북한 지원과 관련한 공식적인 대화창구는 확보하지 못한 채 국제기구 및 민간단체의 사업을 지원하는 형태로 간접 지원하고 있고, 2000년 이후 쌀 차관을 정례화하였다(대북협력민간단체협의회 · 대북지원민관정책협의회, 2005). 남한 당국의 북한 지원은 최근까지도 말 그대로

지원에 지나지 않았으며 미래 통합을 준비하는 내세울 만한 영양정책은 없었다.

2005년 북한이 인도적 지원에 대한 입장의 변화를 표명하고 개발지원을 요청하였으나 국제사회는 북한은 아직 긴급구호 형태의 인도적 지원이 필요한 상황으로 판단하여 장기화되고 있는 북한의 식량난과 경제난에 대해 인도적 지원과 개발지원을 병행하는 사업계획과 이를 위한 전략목표를 수립하였다. 최근 남한 정부도 북한의 어려운 식량 사정 하에서 최대 취약계층인 북한 영유아의 영양불량 상황과 이에 따르는 신체적 · 정신적 발달의 지연이 초래할 심각성에 대해 인식하면서 미래통합을 위한 정책적인 노력을 보이고 있다. 통일부는 이제까지 민간단체 주도로 수행되는 사업에 대해 단순히 기금을 지원하던 형태에서 2005년부터는 3개 이상의 민간단체로 구성된 합동사업을 선정하여 개발중심의 시범사업 형태로 운영하는 사업을 개발하고 있다(통일부, 2007). 2006년에는 이와는 별도로 대북지원사업에 있어 영유아의 건강 및 영양 개선을 최우선 중점사업으로 하여 2010년까지 북한 어린이의 영양상태를 식량난 이전 수준으로 회복하는 것을 목표로 하는 영유아 지원사업을 계획하였다(김충환, 2007). 1995년 이후 남한 정부의 대북지원 현황을 표 3-26에 제시하였다.

남한 정부의 영유아 지원사업은 정부 주도하에 추진하는 대표적인 개발사업으로 미래통합을 준비하는 영양정책의 시작으로 평가된다. 이는 영유아, 임산부, 수유부 등의 취약계층을 대상으로 하는 건강 및 영양사업 추진을 위한 시범사업의 성격을 띠고 있다. 사업의 성과에 따라 지방 및 전국으로 확대하는 단계적 추진전략과 민간단체, 국제기구, 당국지원을 병행하는 다면적 접근전략을 취하고 있다(김충환, 2007). 이 사업은 남북기술협력단을 구성하여 남한 전문가들이 계획단계에서부터 관여하고 리 진료소를 거점으로 하는 지역사회 사업으로 수행되며 지원성과에 대한 모니터링을 전제로 하고 있는 점에서 매우 바람직한 것으로 평가된다. 또한 영양개선사업의 경우 생애주기의 특성을 고려한 적절한 식품 및 분말 영양식

표 3-26 남한 정부의 대북지원현황

구분		내용
직접지원	쌀	• 긴급구호: 1995년 15만 톤, 2006년 10만 톤(2007년 잔여량 1만 500톤 지원 예정) • 차관: 2000~2005년 200만 톤, 2007년 40만 톤 예정
	옥수수	• 차관: 2000년 30만 톤
민간단체 지원	개별사업	• 밀가루, 분유, 영양제, 영양식, 국수, 빵, 콩우유 등
	합동사업	• 2005년 이래 매년 5개 사업 선정(3개 이상의 민간단체로 구성), 개발중심의 시범사업 성격 • 2005년 모자보건복지사업(콩우유, 영양빵), 2006년 종합복지모델 개발사업
	영 · 유아사업	• 영 · 유아 및 임신 수유부 대상 영양지원(총 114억 원 중 40억 원) • 민간단체 컨소시엄 구성하여 참여, 6개 사업 선정
국제기구 경유	WFP	• 96~98년 혼합곡물 2만 1,650톤, 옥수수 8만 톤, 밀가루 만 톤, 분유 300톤 • 2001~2004년 매년 옥수수 10만 톤
	UNICEF	• 영유아등취약계층 지원(치료용 분유, 영양제 등)

자료: 통일부, 2006, 2007; 김충환, 2007

의 공급을 계획하고 있다.

그러나 사업 내 예산의 배분에 있어 사업의 우선순위와 그에 대한 근거가 미흡하고, 예산의 확보 문제로 영양사업의 경우 지원내용 및 그 질과 양이 충분하지 못한 것으로 파악되고 있다. 예산의 문제는 사업지속성의 문제와도 관련이 있다. 사업계획에 포함된 모니터링의 경우 북한의 거부감으로 인해 추진에 어려움을 겪고 있으나 미래통합을 준비하는 영양정책의 시작으로 평가되는 동사업의 성격상 전반적인 사업의 내용과 구체적인 부분에 대해 다양한 전문가 집단의 검토와 의견의 반영이 필요할 것으로 생각된다.

2007년 7월 본 연구진이 한국국제보건의료재단과 공동주최한 공개 심포지엄에서 이러한 문제점들이 제기되었고 무엇보다 대북영양사업에 참여하는 다양한 지원주체들 간의 조정작용이 중요함이 지적되었다(황나미, 2007; 심재은, 2007; Pechoux, 2007). 현재 한국보건산업진흥원이 이러한 조정

표 3-27 2007년 남북협력기금 지원사업 중 사회복지 및 보건의료 분야 민간단체 개별사업 중 영양지원관련 사업내용

구분	사업내용
개발지원	이유식, 영양제, 콩기름 생산
인도적 지원	고추장, 곡류, 콩, 감자, 식용유 등 지역사회 배분 4개 사업 진료소에 영양제 지원 1개 사업 육아원, 학교 등을 통한 급식지원사업(빵, 두유, 이유식, 분유, 국수) 9개 사업 (이 중 2개는 급식+영양제 지원, 1개는 영양제만 지원)

자료: 통일부, 2007b

역할을 수행하며 2007년 11월 개성에서 어린이영양관리연구소와 한국보건산업진흥원 담당자가 영유아 사업 진행을 위한 간담회를 가졌다.

2007년 남북협력기금 지원사업 중 사회복지 및 보건의료 분야 민간단체 개별사업에는 영양지원을 포함하는 17개 사업이 포함되었다. 각 사업의 내용을 분류하면 표 3-27과 같다. 각 지원 단체가 수행한 과거의 사업영역을 살펴보면 단체별로 전문성을 띠는 경향을 보이고 전문가 자문을 통해 사업을 검토받고 있다는 점에서 바람직하였다. 그러나 사업의 자문은 각 단체가 개별적으로 수행하고 있다는 점에서 자문의 효과성에 의문이 있고, 비슷한 사업유형 간 조정의 필요성이 있는 것으로 보인다. 또한, 지원 성과에 대한 모니터링이 분배의 투명성 확보 수준에 지나지 않는 것은 차후 개선되어야 할 부분이다. 특히 남한 민간단체의 대북지원사업 중 대표적인 영양지원사업은 급식지원사업으로 제공하는 급식의 양적 · 질적인 측면과 자체 역량강화와 지속가능성 측면에서의 급식계획의 검토가 필요할 것으로 보인다.

현재 어린이 영양지원사업에 주요 지원식품으로 사용되고 있는 두유는 남한의 한 민간단체가 모유를 대신한 영아식으로 사용하기 시작한 이래 비용 대비 효과가 인정되어 어린이 영양지원사업에 관여하는 단체에서 일반적으로 적용하고 있는 지원품목이다. 그러나 두유는 대두의 수용성단백질을 제한적으로 이용하는 제품이며 조제 시의 농도에 따라 영양밀도의

차이가 크고 수분을 기본으로 하는 액상식품이라는 점에서 연령이 높은 아동들의 영양지원으로 양과 질적인 면에 있어서 적절한지에 대한 검토가 필요하다고 본다. 이러한 점에서 두유를 제조하고 남은 비지를 제빵에 이용하고 있는 한 민간단체의 활용방법이 의미 있는 것으로 생각된다(김경희 외, 2007).

현재 국내 대북지원에 관여하는 기구 간 협의체는 대북지원민관정책협의회와 대북협력민간단체협의회가 있다(표 3-28). 대북협력민간단체협의회는 대북지원사업에 참여하는 민간단체 간의 협의체이며 대북지원민관정책협의회는 이러한 민간단체와 정부 간의 의사소통기구로 2004년 9월 발족하였다. 정부측에서는 통일부, 농림부, 보건복지부 등의 관계자가 참여하며 대북지원사업의 종합적인 틀을 마련하자는 취지를 가지고 2005년 10년간의 인도적 지원사업을 되돌아보고 평가하는 의미로 『대북지원10년 백서』를 발간한 바 있으나, 이후 이와 같은 협의체의 활동에 대해서는 잘 알려진 것이 없다. 본 연구진이 주관한 공개심포지엄에서 UNICEF 관계자와 대북지원사업을 하는 주요 민간단체가 모여 서로 사업내용을 소개하고 대북영양지원사업의 개선방안을 모색하는 과정에서 현재 북한에서 진행되고 있는 다양한 사업들에 대한 정보가 서로 공유되고 있지 못해 중복 지원되는 사례가 빈번함을 확인하였다. 통일을 준비하는 정책을 마련하는 데 있어서 국내외 대북지원사업 관련기관 간의 협조와 정보교류가 중요하므로 이러한 협의기구를 활성화하고 북한에 상주사무소를 설치하는 등의

표 3-28 국내 대북지원 관련 기구 간 협의체

기구	활동내용
대북지원민관정책협의회	• 2004년 9월 1일 발족한 정부-민간 간의 대북지원 협의체 • 정부측은 통일부, 농림부, 보건복지부 등의 관계부처 참가 • http://cafe.naver.com/uniway.cafe
대북협력민간단체협의회	• 인도적 대북지원을 하는 국내 활동 민간단체들의 모임 • http://cafe.daum.net/kncck

방법을 통해 국제사회나 북한 당국과의 직접적인 의사소통방안을 마련하는 것이 필요할 것으로 보인다.

제4장

남한의 어린이 식생활 실태와 영양정책

1. 남한의 어린이 식생활 실태와 영양 상태

1) 식품섭취 실태

남한도 1960년대까지만 해도 식량난에 허덕였으나 70년대 중반부터 자급달성을 한 이후로는 식량 부족 상태에서 벗어났다. 현재 남한 어린이는 전반적으로는 양호한 영양상태를 보이나 일부 영양취약계층의 영양결핍과 특정 영양소의 섭취과잉 등 영양결핍과 영양과잉이 공존하는 영양불량의 양극화 현상을 나타내고 있다. 그리고 이러한 현상은 소득격차 및 어린이의 식행동의 차이에 기인하는 것으로 평가된다.

남한의 유아와 아동의 식품 및 영양섭취 상태에 관한 자료는 국민건강 · 영양조사 결과에서 볼 수 있다. 2005년도 국민건강 · 영양조사의 대상은 전국 200 조사구에서 11,240명으로 이 중 3~6세는 총 620명, 7~12세는 총 889명이었다. 2005년과 2001년 어린이들의 1일 식품섭취량을 보면 3~6세의 경우 각각 899.4g과 960.5g, 7~12세의 경우 각각 1155.3g과 1167.5g으로 비슷하였다(표 4-1). 그러나 동물성 식품 섭취량은 이전의 조사보다 2005년 조사에서 모든 연령층에서 증가하는 경향을 보였으며, 동물성 식

표 4-1 어린이의 식품군별 1인 1일 평균 섭취량 (단위: g)

식품군 \ 연령(세)	전국			3~6			7~12		
	2005	2001	1998	2005	2001	1998	2005	2001	1998
곡류 및 그 제품	321.1	310.5	347.0	228.4	223.2	249.3	311.9	302.7	341.8
감자 및 전분류	20.2	26.5	36.6	13.8	22.9	32.3	23.5	25.1	34.3
당류 및 전분류	7.5	10.9	8.2	4.3	5.5	5.6	5.6	6.4	7.6
두류 및 그 제품	39.3	31.6	31.0	24.7	15.6	16.0	28.0	18.8	23.7
종실류 및 그 제품	4.8	2.7	2.0	2.1	1.5	1.4	3.1	2.3	1.7
채소류	327.0	290.8	283.5	128.6	100.9	98.7	212.4	173.0	183.4
버섯류	4.4	4.7	4.1	3.0	2.4	2.1	4.1	4.7	3.7
과실류	87.4	207.4	197.5	89.6	194.7	183.6	88.8	201.6	200.8
해조류	8.5	9.0	7.7	4.5	5.7	4.3	4.6	6.5	5.3
음료 및 주류	145.7	112.7	90.1	48.3	46.7	32.5	65.3	41.4	33.7
조미료류	37.5	31.2	25.9	18.7	14.0	12.8	29.5	23.7	20.3
유지류(식물성)	9.4	9.8	5.7	5.8	4.2	4.8	7.5	6.1	6.7
기타(식물성)	0.0	5.1	3.2	0.0	6.5	3.4	0.0	7.0	6.2
식물성 식품계	**1,012.8**	**1,052.9**	**1,042.5**	**571.8**	**643.8**	**646.8**	**784.2**	**819.3**	**869.2**
육류 및 그 제품	95.1	91.7	69.0	62.7	62.0	46.0	95.7	89.7	70.7
난류	25.8	21.1	22.5	26.2	24.5	24.6	30.4	26.4	30.3
어패류	67.7	64.1	66.3	32.0	30.2	34.6	47.3	41.9	47.0
유류 및 그 제품	89.7	84.6	87.5	206.4	199.5	183.6	197.1	189.4	189.0
유지류(동물성)	0.1	0.1	2.1	0.1	0.1	0.2	0.2	0.3	0.3
기타(동물성)	0.3	0.2	0.1	0.3	0.4	0.1	0.5	0.5	0.0
동물성 식품계	**278.6**	**261.8**	**247.5**	**327.6**	**316.7**	**289.1**	**371.1**	**348.2**	**337.3**
총계	**1,291.4**	**1,314.7**	**1,290.0**	**899.4**	**960.5**	**935.9**	**1,155.3**	**1,167.5**	**1,206.5**
식물성식품 섭취비율(%)	78.4	80.1	80.8	64.1	67.0	69.1	68.7	70.2	72.0
동물성식품 섭취비율(%)	21.6	19.9	19.2	35.9	33.0	30.9	31.3	29.8	28.0

자료: 한국보건산업진흥원, 1999, 2002, 2006a

품 중에서도 특히 육류 및 그 제품 섭취량의 증가가 컸다. 곡류군 전체의 섭취량은 1998년에 비해 2001년에 감소했다가, 2005년에 다시 약간 증가하는 경향을 보였다. 이때 쌀의 섭취량은 감소하는 경향이었으나, 이에 비하여 국수와 라면의 소비량은 늘어났다. 다소비식품의 종류는 1~2세의 경우에는 우유와 백미, 두유 순으로 섭취량이 많았으며, 3~6세에서 역시 우유가 가장 높은 섭취량을 나타냈다. 한편 콜라와 과일탄산음료가 3~6세에서는 11위와 9위, 7~12세에서는 8위와 7위에 올라와 있어, 어린이의 탄산음료 섭취량이 높다는 것을 보여주고 있다. 특히 초등학생의 경우 탄산음료와 같은 단맛의 가공식품 소비량이 2005년에 1998년에 비해 1.8배 증가하였다.

2) 영양소 섭취실태

2005년 국민건강 · 영양조사의 결과에서 어린이들의 영양소 섭취 불균형이 두드러지게 나타났다(표 4-2). 식물성 식품의 섭취 감소와 동물성 식품의 섭취 증가로 인해 동물성 단백질비와 지방 급원 에너지비가 증가하였다. 칼슘과 칼륨의 섭취는 부족하고 특히 칼슘의 경우, 연령이 증가함에 따라 권장량 대비 섭취비율이 낮아졌다. 반면에 단백질과 나트륨을 지나

표 4-2 영양권장량에 대한 영양소별 평균 섭취비율 (단위: %)

연령(세) / 영양소	1~2		3~6		7~12	
	2005	2001	2005	2001	2005	2001
에너지	105.8	90.0	100.9	96.0	108.7	95.3
단백질	243.1	158.6	242.3	170.2	214.7	140.9
칼슘	100.9	116.0	77.5	72.7	68.7	64.6
인	141.3	149.6	170.3	145.9	139.0	142.6
철	94.9	101.4	115.0	79.8	102.7	80.1
칼륨	52.4	-	54.9	-	54.0	-
나트륨	190.4	-	267.1	-	292.0	-
비타민 A	155.1	119.3	153.1	94.4	122.8	93.8
티아민	138.0	124.3	171.3	129.6	152.6	128.1
리보플라빈	150.5	143.2	134.1	104.9	124.5	99.8
나이아신	123.9	96.9	135.0	98.9	134.6	107.0
비타민 C	131.6	194.5	144.8	199.2	116.2	180.1

자료: 한국보건산업진흥원, 2002; 2006a

치게 많이 섭취하고 있어 어린이들의 식생활이 단백질 위주로 편향되었고, 특히 곡류, 채소류 섭취 부족으로 인한 섬유소 섭취 부족이 심화됨을 보여주었다.

2005년 새롭게 설정된 한국인 영양섭취기준 대비 섭취비율을 영양소별 권장량에 대한 평균 섭취비율을 적용해 왔던 2001년 이전과 직접 비교하는 것에는 다소 무리가 있겠으나, 기준이 상향조정된 비타민 C를 제외하고는 2001년에 비해 2005년에 모든 영양소에서 기준대비 섭취비율이 전반적으로 높아졌다. 영양소 섭취비율에 따른 분포에서 나타난 결과(표 4-3, 4-4)를 보면, 영양소별로 부족하게 먹거나 과다하게 섭취하는 어린이의 비율이 높았다. 즉 에너지의 경우는 권장량 대비 75% 미만으로 섭취하는 비율이 3~6세, 7~12세에서 각각 24.1%, 16.5%였고, 125% 이상을 섭취하는 비율은 21.2%, 28.0%였다. 에너지/칼슘/철분/비타민 A의 섭취량이 모두 권장량 대비 75% 미만을 섭취하는 '영양소 섭취부족군' 도 연령이 증가할수록, 남자보다 여자에서 비율이 증가했다. 또한 영양과잉에 해당되는 아동은 7.4%(6.1~8.5%)인 것으로 나타났지만(표 4-5), 이들의 지방 섭취량이 차지하는 에너지 비율이 23~26% 정도며, 소아비만 유병률이 증가 추세라는 점을 감안하면 지방함량이 높은 음식의 섭취를 줄이기 위한 노력도 필요한 것으로 나타났다.

한편 2001년 조사에서 나타난 우리나라 3~6세 취학 전 아동의 식품 및 영양섭취량 자료를 보면 영양권장량 대비 칼슘은 72.7%, 철은 79.8%로 나타났다. 또한 영양권장량 대비 75% 미만을 섭취하는 비율에 대한 결과에서는 칼슘은 58.7%, 철은 61.6%로, 전체 아동의 2/3 가량에서 이들 영양소의 섭취량이 크게 부족한 것으로 나타났으며, 비타민 A와 나이아신의 섭취 부족 비율도 40% 이상으로 상당히 높은 것으로 나타났다.

표 4-3 영양소별 영양권장량의 75% 미만을 섭취하는 어린이 비율 (단위: %)

연령(세) / 영양소	1~2		3~6		7~12	
	2005	2001	2005	2001	2005	2001
에너지	25.5	37.3	24.1	30.5	16.5	29.1
단백질	4.8	11.0	1.8	5.6	4.4	10.1
칼슘	27.6	35.5	54.1	58.7	62.2	65.9
인	13.0	11.4	5.4	7.6	11.8	6.7
철	42.7	60.0	30.5	61.6	40.8	57.3
칼륨	93.0	–	96.5	–	96.0	–
비타민 A	29.9	46.6	22.4	47.1	27.1	46.9
티아민	24.8	32.3	14.2	28.1	18.4	24.8
리보플라빈	17.2	19.9	24.0	34.5	29.6	35.8
나이아신	37.0	47.8	16.4	44.0	19.2	32.2
비타민 C	47.4	39.8	38.1	40.9	42.9	39.7

자료: 한국보건산업진흥원, 2002; 2006a

표 4-4 영양소별 영양권장량의 125% 이상을 섭취하는 어린이 비율 (단위: %)

연령(세) / 영양소	1~2		3~6		7~12	
	2005	2001	2005	2001	2005	2001
에너지	31.9	20.1	21.2	18.3	28.0	15.6
칼슘	–	32.4	0.6	11.3	–	5.6
인	–	61.0	–	59.5	0.1	59.4
철	–	20.6	0.5	10.4	1.7	11.7
비타민 A	19.3	28.8	12.6	23.9	5.2	21.8
나이아신	20.7	23.4	34.1	21.2	21.2	26.1

자료: 한국보건산업진흥원, 2002; 2006

표 4-5 영양소 섭취 부족 및 에너지/지방 섭취 과잉 어린이 비율 (단위: %)

	영양소 섭취 부족[1]			에너지/지방 섭취 과잉[2]		
	전체	남자	여자	전체	남자	여자
1~2세	9.0	6.1	12.4	6.1	4.0	8.5
3~6세	7.5	7.7	7.3	7.6	9.0	6.2
7~12세	6.1	5.2	7.3	8.5	7.1	10.1

주: 1) 영양소 섭취 부족: 에너지 필요추정량 75% 미만/칼슘, 철, 비타민 A, 리보플라빈 모두 평균필요량 미만을 섭취한 대상자

2) 에너지/지방 과잉 섭취: 에너지 섭취량이 필요추정량의 125% 이상이면서 지방섭취량이 적정 에너지 섭취 비율을 초과한 대상자

자료: 한국보건산업진흥원, 2006a

3) 체격 발달

(1) 신장과 체중

교육과학기술부가 매년 실시하는 '학생건강검사통계보고'에 따르면, 남한 아동의 영양 상태를 반영하는 체격의 경우, 지난 20년간 신장은 4~8cm, 체중은 3~10kg 증가하였으며, 흉위도 증가하여 체격이 좋아진 것으로 보고되었다(표 4-6). 그러나 신장의 증가율보다 체중의 증가율이 앞서

표 4-6 초등학생의 연령별 신장과 체중

	1986				1995				2005			
	키		몸무게		키		몸무게		키		몸무게	
	남	여	남	여	남	여	남	여	남	여	남	여
6세	116.7	116.0	20.8	20.0	119.4	118.4	22.8	22.0	120.6	119.3	24.0	22.9
7세	122.3	121.2	23.1	22.2	125.2	123.9	25.7	24.6	126.5	125.3	27.3	26.0
8세	127.5	126.6	25.7	24.9	130.7	129.3	28.9	27.7	132.0	131.0	31.0	29.4
9세	132.3	131.6	28.4	27.8	135.6	135.0	32.1	31.0	137.3	137.1	34.8	33.4
10세	137.0	137.3	31.3	31.1	140.6	141.4	35.5	35.3	143.0	143.7	39.4	38.1
11세	141.9	143.7	34.5	35.3	146.3	147.9	39.7	40.5	149.1	150.3	44.5	43.6
12세	148.1	149.7	38.6	40.3	152.6	153.2	44.6	45.4	156.4	154.9	50.2	47.8

자료: 통계청(http://www.kosis.kr>국내통계>주제별통계>보건), 2006, 재구성

표 4-7 초등학생의 연령별 BMI(Body Mass Index) (단위: kg/m²)

	1985		1995		2004	
	남	여	남	여	남	여
6세	15.1	14.8	16.0	15.7	17	16
7세	15.3	15.0	16.4	16.0	17	17
8세	15.6	15.3	16.9	16.6	18	17
9세	16.0	15.8	17.5	17.0	19	19
10세	16.5	16.3	18.0	17.7	19	19
11세	17.0	17.0	18.5	18.5	20	19
12세	-	-	-	-	20	19

자료: 교육인적자원부 학교체육보건급식과, 2006, 재구성

게 됨에 따라 비만의 판정지표로 사용되는 체질량지수(BMI, kg/m^2)가 꾸준히 증가하고 있다(표 4-7).

(2) 체력 및 체질 변화

지난 20년간 남한 아동의 신장과 체중은 크게 증가했으나, 체력은 크게 변화가 없거나 감소한 것으로 나타났다. 체력조사항목이 자주 바뀌어 비교할 수 있는 항목은 '윗몸 일으키기'와 '제자리 멀리 뛰기' 뿐인데, 이 두 항목을 1995년과 비교해 보면 '윗몸 일으키기'는 초등학교 5, 6학년의 경우 남자와 여자 모두 크게 변화가 없었다. 그러나 '제자리 멀리 뛰기'는 남자와 여자에서 15~17cm 감소하였다(문화관광부, 2004).

한편 2006년도 남한 초등학생을 대상으로 실시된 체질검사 결과를 살펴보면, 치아우식증을 가진 아동이 전체의 55.2%에 해당하였으며, 시력에 문제가 있는 아동도 47%에 달했다(교육인적자원부, 2006). 전반적으로 볼 때 식사의 질, 생활양식의 변화로 인하여 어린이들의 체격은 커지고 있으나 체력은 오히려 약화되는 실정이므로, 단백질, 지방질, 당질 식품의 균형적 섭취, 기호식품의 지나친 섭취 방지, 편식 교정 지도와 운동의 생활화가 필요하며 이와 함께 어린 시절부터 바른 식생활 습관을 정립할 수 있는 적절한 식생활 교육이 시급하다.

4) 영양 문제

(1) 영양소 섭취의 문제

① 지방 섭취 양상

2005년 국민건강 · 영양조사 자료에 따르면 남한 국민이 섭취한 총열량 중 지방이 차지하는 비율이 20.3%로서, 1969년부터 국민영양조사가 실시된 이래 처음으로 지방에너지 기여 비율이 20%를 초과하였다. 특히 7~12

세 어린이의 16.9%, 13~19세의 21.8%로 나타났으며, 동물성 단백질비와 지방급원 에너지비는 1~2세 연령층에서 가장 높은 것으로 나타났다.

한편, 국민건강 · 영양조사 이외에 유아와 초등학교 아동을 대상으로 지방산 섭취 양상을 조사한 결과에서는, 열량비에 대한 지방의 섭취 비율이 높고 지방 중에서도 포화지방산의 섭취가 높다고 지적하였다(강금지, 2005; 김은경 외, 1998). 또한 전국 43개 초등학교 1,103명을 대상으로 영양 상태를 조사한 결과에서도 에너지섭취 비율 중 지방의 비율이 매우 높은 경향이었다(임경숙 외, 2004). 총열량 중 지방이 차지하는 비율뿐만 아니라 개별적인 지방산의 섭취 수준이 혈청 지질 농도에 영향을 미치는 중요한 결정인자가 된다는 점을 고려할 때, 고지방섭취군에 대한 적절한 관리는 매우 중요하다.

② 낮은 칼슘 섭취량, 높은 인 섭취량

칼슘은 골격이나 치아의 성장에 필수적으로 매우 중요한 영양소임에도 불구하고, 칼슘의 부적절한 섭취는 어린이를 대상으로 한 많은 연구결과에서 나타나고 있다. 2005년 국민건강 · 영양조사 보고에서도 3~12세 어린이에서 권장량의 75% 미만을 섭취하는 비율이 50%를 넘는 것으로 나타났다. 반면 인의 섭취량은 권장량의 125% 이상을 섭취하는 비율이 높았다. 한편 우유는 칼슘의 가장 중요한 급원식품으로, 학교 급식을 통한 우유 급식(표 4-8)이 초등학교 아동의 칼슘 섭취를 증가시키는 데 크게 기여하는 것으로 보고된 바 있다(박신인 · 배소연, 1999).

③ 설탕 섭취량의 증가

급식교와 비급식교 아동의 설탕 섭취 실태 보고(정혜경 외, 1995)에 따르면 초등학교 아동의 총에너지 섭취량 중 약 14%를 설탕에서 섭취하는 것으로 나타났다. 또한 설탕 섭취량이 많은 아동의 경우, 열량, 탄수화물, 지방의 섭취량도 유의하게 높은 것으로 나타나, 설탕 섭취량이 높은 아동에

표 4-8 학교급식을 통한 우유섭취실태 (단위: %)

빈도	가정	학교
매일 마신다	13.2	60.2
가끔 마신다	47.8	35.7
전혀 안 마신다	39.0	4.1

자료: 박신인 · 배소연, 1999

서 충치뿐만 아니라 비만 및 고지혈증 등이 발생할 가능성이 높음을 시사했다.

(2) 식습관과 식행동의 문제

① 아침 결식

2005년 국민건강 · 영양조사 보고에 따르면, 어린이의 아침 결식 비율은 청소년 연령층보다는 낮지만 상당히 높았다(10.2~14.2%). 식사를 거른 이유로는 늦잠, 식욕부진, 시간 부족, 습관, 과다한 간식의 순서로 조사되었다.

서울 시내 2개 초등학교에서 각 학년별 약 50명씩 351명의 식생활 조사에서, 고학년으로 갈수록 아침결식빈도가 높아지는 경향이었으며(박미아 외, 1998), 서울 소재 초등학교 6학년 365명의 식습관 조사에서도 아침결식률은 37.0%였다(김은경 · 문현경, 2001). 아침 결식은 아동의 집중력, 학습능력 등에 부정적인 영향을 미치는 것으로 보고된 바 있으므로, 아침 결식아동에게 아침식사를 제공할 수 있는 구체적인 방안이 마련되어야 한다고 본다.

② 간식과 외식

2005년 국민건강 · 영양조사 보고에 따르면, 간식 선택이 기호 위주로 편향되어 있다. 13세 미만 어린이들의 간식 빈도는 하루에 1~2회가 가장 많았다. 그 종류는 과자/스낵류가 가장 많아 42~45%에 달하였고, 다음으로 과일/과일 주스, 우유/유제품으로 나타나 간식의 종류가 일부 식품에

표 4-9 3~12세 어린이의 평소 외식 빈도 (단위: %)

구분 \ 빈도		2005년도 국민건강·영양조사 하루 2회 이상	하루 1회	주 1회 이상	월 1회 이상	거의 안 한다	2001년도 국민건강·영양조사 하루 2회 이상	하루 1회	주 1회 이상	월 1회 이상	거의 안 한다
전국		7.5	44.0	17.0	16.2	15.3	5.4	26.3	22.9	23.0	22.5
전체	3~6세	0.9	59.1	15.9	14.6	9.5	0.7	32.9	24.1	28.8	13.6
	7~12세	0.9	84.5	7.6	5.0	1.9	0.9	41.7	19.7	24.7	13.0
남자	3~6세	1.2	59.4	16.0	14.2	9.2	0.8	29.8	24.1	30.2	15.1
	7~12세	0.6	84.2	8.2	4.5	2.5	0.8	43.1	19.7	23.5	12.9
여자	3~6세	0.6	58.9	15.7	15.0	9.8	0.5	36.3	24.2	27.1	11.9
	7~12세	1.4	84.9	6.9	5.7	1.1	1.1	40.0	19.7	26.0	13.1

자료: 한국보건산업진흥원, 2002, 2006a

편중되어 있었다. 따라서 어린이 연령층의 간식섭취를 통한 영양소 섭취 보충의 중요성을 감안할 때, 적절한 영양교육을 통해 바른 간식을 선택하도록 하는 것이 중요하다.

또한 동조사에서 외식의 빈도는 초등학교 학생들인 7~12세 어린이도 하루 1회가 가장 많은 것(84.5%)으로 나타났는데, 2001년(41.7%)에 비해 유난히 높게 집계된 이유는 학교급식도 외식으로 포함되었기 때문이다(표 4-9). 그 다음으로 주 1회 혹은 월 1회의 외식 빈도가 거의 비슷한 경향이어서, 외식시 바람직한 음식이나 식품을 선택할 수 있는 요령과 이런 필요성에 대한 교육이 시급하다고 볼 수 있다.

③ 식사 환경

아동이 가족과 함께 식사하는 비율을 살펴본 연구(구복자 · 이경애, 2000)에 따르면, 아침식사 시 41.1%, 저녁식사 시 62.0%로 나타났으며, 식사 시 혼자 먹는 아동의 비율은 아침과 저녁식사 시 각각 18.7%와 7.9%에 해당되었다. 아동들이 가족과 함께 즐거운 분위기에서 식사하는 것은 올바른 식습관 형성 및 아동의 정서에도 중요함을 생각할 때, 가정에서의 식사 준비 및 식사에 대한 배려가 매우 중요하다.

④ 인스턴트식품의 과다 섭취

인천지역 초등학생 5,6학년을 대상으로 한 연구(김경미 · 이심열, 2000) 결과에 따르면, 전체 아동의 60.4%가 매일 또는 일주일에 3~5번 인스턴트식품(라면, 햄버거, 후라이드 치킨 등)을 먹는 것으로 나타났다. 즉 식생활 환경의 변화에 따라 영양을 골고루 갖춘 음식보다는 편리성 · 기능성을 중시하는 패스트푸드나 간편식을 선호하는 경향을 보인다. 한편 '06년 어린이 먹을거리 안전인식도 조사결과, 안전사고를 발생시킨 식품군은 패스트푸드 및 외식(27.8%), 학교 급식(22.0%), 길거리음식(19.8%), 부정 · 불량 식품(11.9%)의 순으로 나타남으로써(식품의약품안전청, 2006), 패스트푸드가 식품안전에 대한 위협요인으로 간주되고 있다.

5) 영양과 관련된 건강문제

(1) 빈혈

빈혈은 체내에 적혈구수 또는 헤모글로빈 농도가 정상치보다 떨어져 있는 상태를 말하며, 가장 흔한 것이 철 결핍성 빈혈이다. 철 결핍은 세계적으로 만연해 있는 영양결핍증으로 1~3세의 유아들의 약 9%가 영향을 받고 있으며, 여러 개발도상국가에서 매우 중요한 영양보건문제로 취급되고 있다.

우리나라에서도 1970년대에는 영양상태뿐만 아니라 기생충 감염에 따른 신체발달 정도, 가족계획 변수에 따른 아동의 성장 발달 비교 등의 연구가 이루어졌는데, 특히 아동들의 헤모글로빈 농도나 헤마토크릿치, 그리고 혈청 철분 등이 낮게 나타나 빈혈의 높은 발현율을 보였다(징영진 외, 1974). 1980년대에는 대도시 고소득층과 저소득층 및 농촌 아동들의 영양소 섭취를 비교하는 조사가 많았다. 이들 연구에 따르면 저소득층 아동들의 경우 철분과 비타민 A 등의 섭취가 권장량에 비해 크게 미달되었고, 철분의 공급원으로 식물성 식품이 차지하는 비율이 더 많은 것으로 나타났다(이혜상 · 모수미, 1986). 1990년대 이후에 지역별로 실시된 연구 결과들을 보면, 권장량에 비해 부족한 영양소로 철분과 티아민이 주로 보고되었다.

이와 같이 최근 20~30년 동안 남한 어린이의 전반적인 영양 상태는 상당히 개선되었다고는 하지만 아직도 철분섭취량은 권장량에 미달되는 경우가 많고 어린이의 빈혈도 종종 발생하고 있다. 어린이 빈혈의 주원인은 철분 부족으로 알려져 있으며, 이는 주로 섭취 부족과 흡수 저하 때문인 것으로 보고되었다. 특히 동물성 식품 섭취량이 적은 저소득층 어린이들의 경우 낮은 철분섭취량과 철분의 낮은 생체이용률로 철분 결핍을 초래하기가 더욱 쉽다. 충남 천안시 사회복지시설 아동의 빈혈이환율을 조사한 결과를 보면, 빈혈로 판정된 아동 수는 헤모글로빈의 기준(12g/dl 미만)에 의하면 58.7%, 헤마토크리트의 기준(36% 미만)으로 64%, 혈청 철분 농도의 기준(70mg/dl 미만)으로 76.0%에 달하는 것으로 나타났다(정혜경 · 강명화, 2003). 특히 사회복지시설 같은 시설에서 생활하는 아동에서 철분결핍 문제가 매우 심각함을 알 수 있다.

한편 2005년 국민건강 · 영양조사에서는 건강검진 대상자를 10세 이상부터 실시함으로써 영유아의 헤모글로빈 함량에 대한 측정치가 없었으나, 1995년도 국민영양조사에서 보면 0~6세의 영유아 중 헤모글로빈 함량이 11.1~12.0g/dl로 비교적 낮은 헤모글로빈을 갖는 어린이가 23.5%를 차지하였고, 11.0g/dl 이하인 어린이도 18.3%나 되었다.

(2) 비만

급속한 경제성장과 생활수준 향상으로 생활이 편리해지고 식생활 패턴이 변화하면서 비만 인구가 빠르게 증가하고 있다. 비만은 어느 시기에나 발생할 수 있으나, 신체적으로 급성장이 이루어지면서 호르몬 작용으로 체형에 변화가 일어나기 시작하는 학령기에 발생하는 어린이 비만의 경

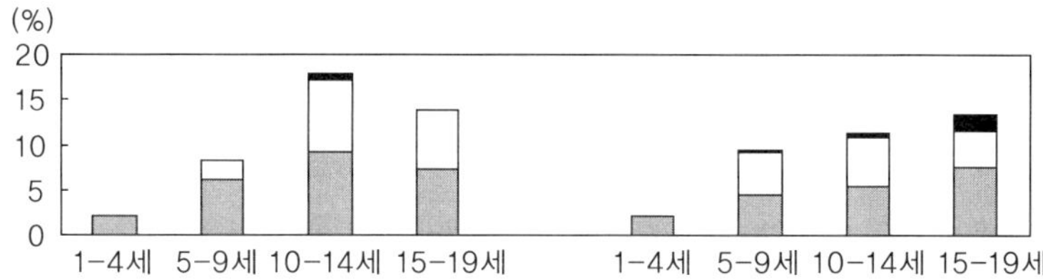

	남자				여지			
	1-4세	5-9세	10-14세	15-19세	1-4세	5-9세	10-14세	15-19세
■ 고도비만			0.8			0.3	0.5	1.9
□ 중등도비만		2.2	7.9	6.5		4.8	5.4	4.1
▨ 경도비만	2.1	6.1	9.2	7.4	2.1	4.4	5.5	7.5

그림 4-1 소아 비만도 분포[1)]

주: 1) 비만도: 비만지수(%) = (실측체중-신장별 표준체중)/신장별 표준체중 x 100에 근거함
경도비만: 20~29%, 중등도비만: 30~49%, 고도비만: 50%

자료: 한국보건산업진흥원, 2006b

우, 최근 이환율이 증가하는 추세에 있다. 1979년부터 18년간 표준체중법에 의한 비만아 이환율의 변화 추이를 보면, 초등학교 남자의 경우 6.4배, 여자의 경우 4.7배로 비만이환율이 증가하여, 중 · 고등학생 연령보다 초등학생 연령층에서 더 높은 증가를 보였다(강윤주 외, 1997). 한편 비만의 정도별(경도, 중등도, 고도) 비만이환율의 변화를 보면, 과거 18년간 경도비만은 남자는 3.3배, 여자는 2.3배 증가하였으나, 중등도 이상의 비만은 남자는 6.6배, 여자는 7.2배 증가하였고, 특히 고도 비만의 경우 1979년에는 거의 없었으나 1990년에는 약 1(여자)~2(남자)% 정도로 증가하였다.

2005년 국민건강 · 영양조사에서는 1~19세의 비만유병률은 남자 11.5%, 여자 9.7%였으며, 남자의 10~14세의 유병률이 17.9%로 가장 높았고, 여자는 15~19세의 유병률이 13.5%로 가장 높게 나타났다(그림 4-1). 2001년도 국민건강 · 영양조사 결과, 소아 비만유병률은 남자는 17세(22.3%), 여자는 12세(19.0%)에서 가장 높았고, 전체적으로는 1998년도 국민건강 · 영양조사 결과에 비해 특히 10~17세 사이에 많이 증가했다고 보고된 바 있다. 이와 같이 비만이환율이 초등학생을 중심으로 현저히 증가하고 있음을 알 수 있다. 특히 소아 비만이 사회문제 중 하나로 부각되고 있는 이유는, 소아 비만의 약 75%가 성인 비만으로 이행되고, 성인 비만증 환자들의 30%는 이미 아동기 때부터 체중이 많이 나갔던 병력이 있으며, 성인기에 발생한 비만보다 고도 비만이 된다는 점 때문이다. 2005년 조사 결과에서, 비만이환율은 1998년과 비교하여 약 1.5배 증가한 것으로 나타났다. 이에 따라 소아 비만임에도 불구하고, 어린이와는 관련이 없는 질환으로 인식되어 온 성인형 당뇨병, 고혈압, 고지혈증, 지방간 등 만성질환 위험인자의 증가가 우려되었다.

(3) 치아우식증

오늘날 대부분의 선진국에서는 적극적인 공중구강보건사업과 예방처치를 통하여 치아우식증 발생이 감소하고 있다. 반면 우리나라를 비롯한 개발도상국에서는 구강보건 선진국과는 달리 치아우식증이 점차 증가하고 있다(이주연, 2000). 2005년 국민건강 · 영양조사에서는 0~6세와 7~18세의

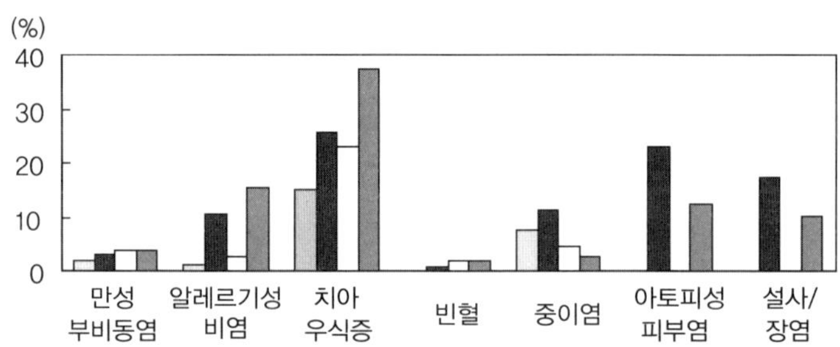

	만성 부비동염	알레르기성 비염	치아 우식증	빈혈	중이염	아토피성 피부염	설사/ 장염
□ 0~6세 1998	1.9	1.2	15.2	0	7.4		
■ 0~6세 2005	3.2	10.5	25.5	0.8	11.2	22.9	17.5
□ 7~18세 1998	3.6	2.7	23.2	1.7	4.7		
■ 7~18세 2005	3.9	15.3	37.2	2	2.8	12.5	10.2

그림 4-2 아동 및 청소년 주요 질환의 연간 의사 진단 유병률의 시계열 비교(1998년, 2005년)
자료: 한국보건산업진흥원, 2006b

연령층을 대상으로 의사가 진단한 질환의 유병률을 보고하였다(그림 4-2). 두 연령층 모두에서 치아우식증의 유병률이 가장 높았고, 0~6세보다 7~18세 군에서 더 높았다.

(4) 주의력 결핍 · 과잉행동

남한의 경우, 초등학생의 4% 정도가 주의력 결핍 · 과잉행동장애(attention deficit hyperactivity disorder, ADHD)로 추정된다(안미경, 2001). 이러한 비율은 자폐증이 10,000명 중에 1명꼴로 발생한다는(윤현숙, 2006) 비율에 비해 매우 높은 편이다. 1997년에 초등학생 2,500명을 조사한 결과에서는 2%가 ADHD로 진단된 바 있다. 정혜경 외(1995)는 ADHD 진단 시 흔히 사용되고 있는 Conners 평가척도를 사용하여 ADHD 아동을 진단하였는데, 평가척도를 교사가 작성한 경우와 어머니가 작성한 경우의 ADHD 이환율을 각각 4.0%(남아 4.0%, 여아 0.0%)와 8.0%(남아 3.6%, 여아 4.4%)로 보고하였다. 또한 교사가 진단한 ADHD 아동의 설탕섭취량이 정상아동의 설탕섭취량보다 유의적으로 많은 것으로 나타나, 설탕섭취량이 과잉활동장애의 한 원인이 될 수도 있음을 시사하였다. 한편 정상아동과 ADHD 아동들의 영양소 섭취실태를 보면, 정상아의 단백질, 칼슘, 나이아신 섭취량이 ADHD 아동보다 많아, 정상아들의 영양상태가 ADHD 아동보다 상대적으로 좋은 것으로 나타났다.

6) 영유아 보육시설에서의 영양관리 실태

(1) 보육시설 및 보육아동 현황

최근 여성의 사회 참여가 늘어나면서 2008년 남한 여성의 경제 활동 참가율은 51.2%로 보고되었다(통계청 홈페이지〉주제별통계〉고용). 이에 유아들의 보육시설이 확충되어, 2006년 12월 현재 영유아보육법상 보육대상 연령 아동(주민등록상 만 5세 미만 아동)은 약 360만 명이며, 보육시설을 이용하는 아동은 28.9%인 104만 명이다. 또한 1991년에는 1,919개 소에서 4만 8,000명의 아동을 보육하고 있었으나, 2006년 12월 현재 2만 9,233개 소로, 보육시설은 무려 14배로 증가되었다. 2007년도 국비 보육예산도 2006년 대비 32%가 증액되었고, 2008년에는 보육시실 이용 아동의 70% 이상이 지원받게 된다고 한다(여성가족부 보육지원팀, 2006). 이에 따라 보육시설의 영양관리 역시 보육정책의 중요한 부분으로 다뤄져야 한다는 인식이 높아졌다.

(2) 보육시설의 영양관리 인력 확보 현황

현재 영유아 100명 이상을 보육하는 시설에는 영양사 1명을 배치하도록 하고 있으며, 동일 시 · 군 · 구 내의 보육시설의 경우, 영양사를 공동으로 둘 수 있다. 또한 영유아 100명 미만의 보육시설에서는 보육정보센터, 보건소 및 영양관련 단체의 영양사의 지도를 받아 식단을 작성하는 것이 가능하다. 또한 시설장이나 보육교사 등이 영양사 자격증이 있는 경우 겸직이 가능하도록 하고 있다.

한편 2003년 현재 보육아동이 100명 이상인 시설은 전체 보육시설 22,147개 소 중 6.8%인 1,498개 소에 불과하며, 이들 영유아 100명 이상 시설에서도 28%만이 영양사를 배치하고 있다(대한영양사협회, 2003). 2003년 6월 전국 보육시설의 영양관리 현황에 관한 보고(김혜련 외, 2003)에 따르면, 보육시설의 영양사 확보율은 상근직과 파트타임이나 겸무 인력을 합해 13.4%(국공립 10.1%, 법인 21.1%, 민간 개인 12.9%, 가정 4.7%)로 나타나고 있다. 즉 그 외 자원봉사자나 보건소 등에서의 간헐적인 지원도 없고 영양사 인력이 전혀 지원되지 않는 시설이 75%(국공립 78.6%, 법인 55.0%, 민간개인 80.9%, 가정 95.3%)에 이르고 있음을 볼 수 있다.

(3) 보육시설의 급식운영 현황

보육시설의 식단은 대부분 공개한다. 국공립 · 법인보육시설은 주로 보육정보센터 자료를 이용하거나 영양 · 조리사가 작성하는 비율이 높다. 그러나 민간 · 가정보육시설은 시설장이 직접 작성하는 비율이 가장 높다. 보육시설 급 · 간식 제공시 영양과 조리 형태가 적절하다는 비율은 74%였다(육아정책개발센터, 2006). 한편 대도시, 중소도시, 읍면 지역에 소재한 전국 보육시설 안전 · 영양관리 실태조사 보고서(김혜련 외, 2003)에 따르면, 영양관리와 급식 위생관리는 시설유형별, 시설소재지별로 차이를 나타내었다(표 4-10). 즉 시설유형별로는 국공립시설, 법인시설에서 민간개인시설이나 가정보육시설에 비하여, 그리고 시설소재지별로는 대도시와 중소도시 보육시설이 읍면지역 보육시설에 비하여 더 잘 이루어지고 있는 것으로 나타났다. 또한 중소도시에 위치한 보육시설의 급식비가 가장 높았으며, 급식인원은 읍면지역이 평균보다 많았다.

서울 영등포구 보육시설(구립 26곳, 민간 34곳)에 대한 조사연구(이경희 외, 2001)에서는 보육시설의 식단 작성은 영양사(15%)에 의해 작성되기보다 비전문가인 원장(50%), 보육교사(10%), 조리원(8.3%)에 의해 작성되고 있으며, 보육시설에서 급식 및 간식을 준비하는 조리종사원은 1명이 가장 많았다. 급식관리에서 어려운 점은 급식관리의 전문적인 영양지식이 필요한 예산관리와 식단 작성인 것으로 지적하였다. 그 이유는 영양지식 부족과 인력부족, 과다업무 등을 어려운 점으로 호소하고 있었다. 보육시설 영양관리에서 가장 시급히 필요한 지원은 식단제공이었고, 그 다음이 영양교육, 급식위생교육, 교사들을 위한 영양교육, 학부모대상 영양교육의 순으로 나

표 4-10 보육시설의 영양사인력 근무형태별 시설현황 (단위: %)

	전체	국공립	법인	민간개인	가정	χ^2, p-value
계(N)	100(621)	100(187)	100(171)	100(178)	100(85)	
상근	6.6	4.3	12.3	6.7	–	
파트타임 근무 및 겸무	6.8	6.4	8.8	6.2	4.7	χ^2=69.230
자원봉사 및 기타	11.6	10.7	24.0	6.2	–	p<.001
인력 없음	75.0	78.6	55.0	80.9	95.3	

자료: 김혜련 외, 2003

타났다.

(4) 보육시설의 영양섭취 실태

지금까지 국내에서 이루어진 보육시설의 영양섭취 실태에 관한 연구들은 제한된 지역이나 시설에 대한 조사결과이기는 하나, 그 결과들을 종합하면 다음과 같다. 전국에 소재한 651개 보육시설 점심식단의 영양소 함량을 조사한 결과를 보면, 칼슘, 철, 리보플라빈, 비타민 C가 한끼 권장량의 50%보다 적은 것으로 파악되었다. 반면 단백질과 나이아신은 다른 영양소에 비해 권장량에 대한 비율이 높은 편이었고, 철과 비타민 A는 보육시설에 따라 차이가 많았다(곽동경 외, 1996). 태안지역 유아를 대상으로 한 최미경 · 이승연(2005)의 연구에서도 단백질은 127.1%로 충분하였지만, 에너지 섭취량은 권장량의 67.8%, 칼슘과 철은 각각 권장량의 69.8%, 58.9%, 비타민 A, 나이아신과 비타민 C는 각각 71.2%, 67.8%, 63.2%를 섭취하고 있었다. 그러나 서울지역 유아를 조사한 연구(강금지, 2005)에서는 에너지 85.0%, 칼슘 95.9%, 아연 81.5%, 나이아신 97.5%, 비타민 C 132.7%, 단백질 186.2%를 섭취하고 있다고 보고하였다. 또한 경주지역 유치원 아동을 연령별로 비교 조사한 연구(최미자 · 정연수, 2006)에서도 단백질, 비타민 A, 비타민 C는 과잉 섭취하는 반면, 칼슘, 철분, 비타민 B_1, 비타민 B_2의 섭취량이 권장량에 미치지 못하였으며 특히, 유아의 나이가 4세에서 6세로 높아짐에 따라 칼슘과 철분의 섭취가 영양권장량(RDA)에 대비하여 유의적으로 낮아졌다고 하였다. 또한 칼슘의 효과적인 흡수를 위해서는 칼슘과 인의 섭취비율이 1:1이 가장 좋으나, 연구대상자의 경우 인의 섭취량이 더 많았으므로, 칼슘의 이용률이 낮아질 우려가 있다. 따라서 이를 종합해 볼 때, 영유아의 영양소 섭취량은 전체적으로 연도별로는 증가하고 있지만, 여전히 지역에 따라서는 일부 영양소의 과잉 또는 부족의 양극현상이 나타나고 있음을 알 수 있다(표 4-11).

급식 유아에게서 영양소별로 부족 또는 과잉 섭취현상이 존재하는 것은

표 4-11 지역별 영·유아 보육시설에서의 영양소 섭취 실태: 영양권장량(RDA) 대비 섭취비율[1)]

	전국 총 651개 보육시설 (% 1/3 RDA 기준)[2)] 국공립 (대도시)	국공립 (중소 도시)	국공립 (농어촌)	민간 (대도시)	민간 (중소 도시)	민간 (농어촌)	서울 도봉구(1일 RDA% 기준) (n=233)[3)]	충남 태안 (n=62)[4)]	경주지역 유치원(연령별) (1일 RDA% 기준) (n=210)[5)] 4세	5세	6세
에너지	31.7	55.3	55.5	37.3	68.1	50.5	85.0	67.8	84.5	85.1	82.8
단백질	42.9	109.8	111.3	57.1	109.8	68.4	186.2	127.1	190.6	180.5	174.9
비타민 A	48.2	47.9	112.1	27.2	84.1	47.4	130.5	71.2	104.1	102.7	107.1
비타민 B_1	33.3	48.1	88.9	44.4	70.4	59.3	116.4	79.7	106.9	100.6	92.2
비타민 B_2	24.2	24.2	48.5	90.9	33.3	48.5	110.3	77.9	94.5	94.5	84.0
나이아신	50.3	60.5	176.2	60.5	77.0	74.1	97.5	67.8	99.9	102.8	93.1
비타민 C	54.1	32.3	88.0	33.8	78.9	93.2	132.7	63.2	138.3	101.8	104.0
비타민 E	–	–	–	–	–	–	179.3	107.7	–	–	–
칼슘	17.9	47.5	65.7	11.2	35.9	20.3	95.9	69.8	90.3	83.3	78.5
인	–	–	–	–	–	–	139.8	97.6	150.4	144.5	140.3
철	28.5	89.7	128.8	60.3	67.6	35.8	109.5	58.9	100.5	78.1	75.2

주: 1) 보육시설에서 제공되는 점심 1인분 중의 영양소 함량 – 한국인 1일 권장량의 1/3의 양과 비교하여 RDA %로 산출함

자료: 2) 곽동경 외, 1996; 3) 강금지, 2005; 4) 최미경·이승연, 2005; 5) 최미자·정연수, 2006

유아에게 제공된 양이 적절하지 않아 충분한 영양을 섭취할 수 없기 때문에 나타날 수 있는 현상으로 유아에게 적정량을 공급하기 위해서는 적량의 배식이 매우 중요하다. 현재 유아교육기관에서 유아의 급식량 배분 및 결정을 학급 교사가 주로 하는 것으로 나타났는데, 교사들은 점심 배식시 1인 1회 분량에 대한 정확한 지식이 부족하고 주로 경험에 의존하며 잔식량을 줄이기 위하여 소량 배식하는 것으로 알려져 있다. 또한 급식 후 더 먹기를 원하는 유아에 한하여 급식을 더하는 원칙으로 운영하되 첫 번째 급식 후 더 먹기를 원하는 유아는 극히 소수로 조사된 바 있다. 이러한 결과들을 볼 때, 보육시설에서는 에너지 섭취를 위하여 연령에 맞는 식사량을 제공할 필요가 있다. 현재 영유아들에게 부족하기 쉬운 영양소가 칼슘, 철, 비타민 A, 나이아신 등이라고 여겨지므로 이러한 영양소의 섭취를 위

해서 우유 및 유제품, 과일이나 주스 등을 간식으로 보충하는 것이 바람직할 것으로 여겨진다.

(5) 보육시설에서의 간식 및 급식 제공 실태

국내 보육시설 유아들을 대상으로 간식 및 급식 제공 실태를 종합해 보면 다음과 같다. 간식급식은 보육시설에서 자체 조리가 63.0%로 가장 많았다(김혜련 외, 2003). 유아들이 낮 동안은 유아교육기관에서 머무르기 때문에 최소한 간식은 하루에 한 번은 하게 되어 있고, 1일 간식 횟수는 2회 이하라고 응답한 비율이 가장 높았다(강금지, 2005; 최미자 · 정연수, 2006). 유아가 자주 섭취하는 간식 종류는 과자 및 스낵류(43.6%)가 가장 많았고, 그 다음이 우유 및 유제품(27.9%), 과일 및 과일 주스(16.2%), 빵 및 케이크류(7.7%)의 순으로 나타났다(한국보건산업진흥원, 2006a).

한편 유아의 총 열량섭취량에 대한 탄수화물, 지방, 단백질의 열량 구성 비율을 볼 때, 탄수화물의 비율은 낮고 지방의 섭취비율이 높은 점이 지적되고 있다(강금지, 2005; 최미자 · 정연수, 2006). 총 지방량의 증가는 주로 동물성 식품의 섭취 증가에 기인하며, 이는 포화지방의 섭취 증가와 식이의 에너지 밀도 증가를 가져오므로 총 지방량 섭취를 적정량 이하로 제한하는 것이 바람직하다. 특히 유아교육기관에서 섭취하는 간식에 칩 종류, 우유 및 유제품, 빵, 과자 종류가 많기 때문일 것이고, 식단에 가공육이 많아 지방을 많이 섭취하는 것으로 나타난 것으로 추정할 수 있다. 실제 2005년 국민건강 · 영양조사에 따르면 3~6세의 지방섭취량의 주요 급원 식품을 보면, 우유(15.8%), 콩기름(8.8%), 돼지고기(7.3%), 달걀(7.1%), 스낵과자(5.0%), 라면(3.0%) 순이었다. 이런 결과로 보아 유아의 지방섭취량이 많은 것으로 추정할 수 있다.

어린이의 주식 중 기호도가 높은 음식으로는 자장면과 김밥 등 일품식이었고, 국과 찌개 중에서는 미역국이 기호도가 가장 높았으며, 동물성 반찬에서는 불고기, 닭튀김 등을 가장 좋아하였다. 또한 동물성 반찬에 대한 선호도는 높은 반면에 식물성 반찬에 대한 기호도는 낮은 편으로, 편식의 문제점이 있을 가능성이 높다. 따라서 어린이의 균형 있는 발육과 건강을 위하여 채소류의 섭취가 중요하므로, 선호도가 높은 일품식을 주 메뉴로 하여 기호도가 낮은 채소류를 식품 재료로 이용하는 방법이라든지 어린이가 좋아할 수 있게끔 조리법을 개발하거나 채소류의 장점을 부각하여 교육하는 것이 필요하다고 하였다(이정윤 · 조동숙, 2006). 한편 급 · 간식 재료 구입과 식단계획은 대부분 시설장이나 보육교사가 결정하고 있는데, 이들의 영양지식과 인식이 낮아 간식의 분량이나 종류에 있어서 영양을 고려하지 않고 아동의 바른 식습관 형성에 적합하지 못한 경우가 많으며, 인스턴트나 편의식 위주로 공급되는 경향이 높음이 문제점으로 지적되었다(이경희 외, 2001; 이영미, 1998; 최미자 · 정연수, 2006).

2. 남한의 어린이 영양정책 현황[1]

1) 영양정책관련 법령체계

남한에서는 국가가 당면하고 있는 여러 문제 중에서 경제개발에 우선순위를 두었기 때문에 지금까지 국가 영양정책은 거의 주목받지 못하였다. 1992년 제1차 세계영양총회(International Conference on Nutrition, ICN)는 현재 우리나라 영양정책에 대해 점검하고 틀을 새로이 마련할 수 있는 중요한 계기가 되었으며, 세계영양선언의 목적에 부합하는 영양복지 실현을 위한 정치 및 행정 체계를 검토하는 기회를 갖게 되었다.

우리나라의 영양행정을 담당하고 있는 전담 조직은 정해져 있지 않고

---

1 본서에서 설명하고 있는 남한의 영양정책현황은 2007년 보고서 제출 시점에서 확인된 내용을 기초로 하고 있음.

업무별로 산재되어 있으나, 현재 보건복지부 보건의료정책본부에서 국민영양사업의 기획 업무를 담당하고 있으며, 1995년 마련된 '국민건강증진법'에 근거하여 영양행정을 수행하고 있다. 지방자치단체에서 영양행정은 시·도 보건과에서 맡고 있으며, 보건소에는 영양지도원이 활동하고 있다. 국가 차원의 영양관리를 법적으로 뒷받침하는 관련 법률은 국민건강증진법, 식품위생법, 지역보건법, 학교급식법, 영유아보육법 및 건강기능식품에 관한 법률이 있다. 거의 모든 법령이 보건복지부에서 관장하고 있으나, 학교급식법은 교육인적자원부, 영유아보육법은 여성가족부가 관장하고 있으며, 식품위생법과 건강기능식품에 관한 법률은 보건복지부의 외청으로 집행기관인 식품의약품안전청에서 주로 활용하고 있다(표 4-12).

그 밖에 2007년 11월 현재 국민영양기본법[2]과 어린이식생활안전관리특별법이 발의되어 있는 상태다. 국민영양기본법(안)은 영양정책, 감시, 정보, 전문인력관리, 식생활 안전망, 영양연구원 및 국가 영양위원회 설립 등을 주요 내용으로 하고 있다. 어린이식생활안전관리특별법(안)은 어린이 먹을거리 안전위원회 설립 등 어린이 식생활 안전을 집중적으로 관리할 수 있는 구체적인 정책 로드맵을 내용으로 담고 있다.

(1) 국민건강증진법

1995년에 제정된 국민건강증진법은 우리나라 영양정책의 기본법으로, 국가 및 지방자치단체는 국민의 영양상태를 조사하여 국민의 영양개선방안을 강구하고 영양에 관한 지도를 실시하도록 규정하고 있다. 법에 명시된 국민영양개선사업의 내용으로는 국민의 영양교육, 영양 개선에 관한 조사·연구사업, 기타 영양 개선에 관하여 보건복지부령이 정하는 사업, 국민건강영양조사를 정기적으로 실시하는 것과 함께 영양 지도업무 등을

2 2007. 10. 26. 김영선 국회의원 외 11인 공동발의로 입법발의됨.

표 4-12 남한의 어린이 영양정책 관련 업무부서와 업무내용(2007년 11월 기준)

구분	상위부서	하위부서(과)	영양 관련 업무내용	관련 법령
보건복지부	보건의료정책본부	식품정책팀	• 식품위생 및 건강기능식품 정책에 관한 종합계획의 수립과 조정	건강기능식품에 관한 법률 식품위생법
		공공의료팀	• 보건소 보건사업 총괄 조정	지역보건법
		보건정책팀	• 국민건강증진사업에 관한 종합계획의 수립 및 조정	국민건강증진법
	사회복지정책본부	민간복지정책팀	• 식품나눔사업(푸드뱅크) 관련업무	사회복지사업법
	저출산고령사회정책본부	출산지원팀	• 모자보건에 관한 종합계획의 수립과 평가	모자보건법
		아동복지팀	• 아동급식 지원(무료급식)	아동복지법
	질병관리본부	유전체역학팀	• 생애주기별 특성에 따른 건강증진 기술연구개발	
식품의약품안전청	식품본부	식품안전정책팀	• 식품 등의 표시기준에 관한 사항	건강기능식품에 관한 법률 식품위생법
		식품관리팀	• 집단급식소에 관한 사항	
		수입식품과	• 유전자재조합식품의 표시사항	
		식품안전기준팀	• 위해요소중점관리기준(HACCP)에 관한 종합계획의 수립과 조성	
	영양기능식품본부	건강기능식품팀	• 건강기능식품의 안전관리에 관한 종합계획의 수립 및 시행	
		건강기능식품규격팀	• 건강기능식품의 기준과 규격 사항	
		영양평가팀	• 특수영양식품의 기준과 규격 사항	
		식품첨가물팀	• 식품첨가물의 기준과 규격 사항	
교육인적자원부	학교정책실〉지방교육지원국	학교체육보건급식과	• 학교급식에 관한 기본계획 수립과 지원	학교급식법
	학교정책실〉지방교육지원국	유아교육지원과	• 유치원 급식체계 구축	유아교육법
농림부	농산물유통국	식품산업과	• 학교급식	학교급식법
시·도 교육청	교육국 등	평생교육체육과 등	• 학교급식에 관한 계획의 수립과 지도 • 학생중식지원사업 • 학교우유급식관리	학교급식법
지역 교육청	학무국 등	평생교육체육과 등	• 초·중학교 급식 일반 업무	학교급식법
여성가족부	보육정책국	보육지원팀	• 보육아동의 건강·영양·안전 등의 관리	영유아보육법

표 4-12 계속

<table>
<tr><th>구분</th><th>상위부서</th><th>하위부서(과)</th><th>영양 관련 업무내용</th><th>관련법령</th></tr>
<tr><td rowspan="4">광역·기초 자치 단체</td><td rowspan="2">시·도 보건위생과 등</td><td>시·군·구 건강조사추진반, 보건정책과, 위생과</td><td>• 보건소 등 건강증진사업 총괄평가
• 만성질환관리
• 식품안전</td><td>식품위생법</td></tr>
<tr><td>시·군·구 보건소</td><td>• 지역영양개선사업 계획 및 시행
• WIC 프로그램 등 저소득층 영양개선사업
• 모자보건사업</td><td>국민건강증진법</td></tr>
<tr><td>시·도 사회과, 아동복지과 등</td><td>시·군·구 아동복지과</td><td>• 아동 급식 지원과 관리
• 푸드뱅크 프로그램 지원</td><td></td></tr>
<tr><td>시·도 여성정책관 가족보육과 등</td><td>시·군·구 보육 및 여성관련과 등</td><td>• 생애주기별 건강증진프로그램 지원</td><td>건강가정기본법</td></tr>
</table>

자료: 기관별 홈페이지

명시하고 있다.

(2) 지역보건법

지역사회 주민의 건강과 영양활동에 관하여 명시하고 있는 지역보건법은 보건소 등 지역보건의료기관의 설치·운영 및 지역보건의료사업의 연계성 확보에 필요한 사항을 규정함으로써 보건행정을 합리적으로 조직·운영하고, 보건시책을 효율적으로 추진하여 국민보건의 향상에 이바지함을 목적으로 하고 있다. 그 주요 내용으로 보건소의 업무에 대한 규정을 하고 있다. 국민건강증진·보건교육·구강건강 및 영양개선사업, 전염병의 예방·관리 및 진료, 모자보건, 가정·사회복지시설 등의 보건의료사업, 건강진단 및 만성퇴행성질환 등의 사업내용으로 구성되어 있다.

(3) 식품위생법

식품안전 및 영양관리에 관한 내용이 가장 많은 법령이 식품위생법이다. 식품위생법은 1962년에 제정되어 2003년 말까지 총 12차의 전면개정과 부분개정을 거쳐 오늘에 이르고 있다. 식품위생법은 현재 총 13장으로 구성되어 있으며, 식품 등의 허위표시 금지, 영양사 관련규정, 영양사 및 조리사의 면허취소조항과 식품위생심의위원회, 식품진흥기금 등에 관련된 조항이 규정되어 있다.

(4) 긴강기능식품에 관한 법률

2003년에 제정된 법령으로, 국민적 관심과 더불어 최근 시장규모가 커져가고 있는 건강기능식품의 법적 관리를 목적으로 제정되었다. 다른 식품들과는 달리 특히 표시, 광고 부문에서 정부의 직접적인 관리가 필요한 사항으로 현재 총 32종의 식품을 건강기능성식품으로 등재하고 있다. 보약, 보양식에 관심이 많고 섭취량도 많은 우리나라 국민들의 성향을 고려한다면 이 법은 향후 올바른 식생활 함량 및 영양 불균형 해결을 위하여 큰 역할을 할 것이다. 이 법은 총 10장으로 구성되어 있으며 특히 정의, 교육, 표시, 허위, 과대광고 금지, 건강기능식품공전에 관한 규정, 위해 건강기능식품 등의 판매 등의 금지, 그리고 유사표시 등의 금지가 포함되어 있다.

(5) 학교급식법

학교급식법에서는 학교급식 실시에 관한 법적 근거를 명시하여 청소년들의 식생활 개선을 통한 전국민 식생활 개선을 대명제로 제시하고 있으며, 학교급식의 지원을 위한 국가 및 지방자치단체의 임무를 규정하고 있다. 시행령에서는 전담직원의 자격, 업무 및 배치와 영양교육에 대한 기준을 정의하고 있다. 국가영양관리와 관련된 법령이 다 중요하지만 평생건강관리 차원에서 학교급식법은 초, 중, 고교의 급식 실시율이 100%에 달하는 시점에서 그 중요성이 매우 크다.

(6) 영유아보육법

영유아보육법은 당초 보건복지부 관리업무에서 여성가족부로 이관된 후 2004년에 개정되어 영유아업무를 법적으로 뒷받침하는 관련 법령이다.

평생건강관리 차원에서 영유아기의 보육, 건강관리 등은 다른 시기의 관리보다 우선하여 매우 중요한 국가영양관리사업임을 감안할 때 영유아보육법도 그 중요성이 증대되고 있다. 이 법에서는 보육에 관한 정의와 보육시설종사자의 업무규정, 보육시설종사자의 기준 및 설치의무에 관하여 자세히 규정하고 있다.

2) 영양정책관련 제도체계

현재 남한의 영양관리를 이끌어가는 대표적인 국가 영양 관련제도는 영양권장량[3] 설정과 국민건강영양조사 실시, 식품의 영양표시, 국민건강증진종합계획(Health Plan 2010), 어린이 먹을거리 안전종합대책, 어린이 건강대책 등을 꼽을 수 있다.

(1) 영양권장량 및 영양섭취기준 설정

영양권장량이란 인체의 정상적 성장과 활동을 위해서는 많은 영양소가 필요하며 그 양은 영양소의 종류, 대상 집단에 따라 다르다. 즉, 영양소 필요량은 사람이 건강을 유지하면서 살 수 있는 최소의 섭취량이다. 그것은 개인, 나이, 성별 및 활동 정도에 따라 다르므로 영양권장량을 적용하고 있다. 영양권장량 설정이란 각 인구집단을 대상으로 대부분의 사람들이 건강한 생활을 하기 위해 섭취해야 할 영양소의 양을 결정하여 국민들에게 제시하는 작업으로, 2000년까지 제7차 개정안이 제시되었다.

한편 1962년 영양권장량이 처음 제정될 당시에는 주요 식생활 문제가 영양섭취 부족이었으나, 점차 국민소득의 증가와 식사 패턴의 변화로 인해 에너지 과잉섭취, 식사의 불균형 등의 문제가 대두되었다. 이에 한국인

---

3 2005년 이후는 영양섭취기준

표 4-13 영양권장량 및 영양섭취 기준 개정 내용

연도	개정내용
1962	□FAO 한국협회 사업의 일환으로 1962년 처음으로 영양권장량이 책정 • 국민보건과 체위 향상, 식량생산과 공급계획 및 국민의 식생활 개선에 도움이 되는 것을 목표로 함 • 권장량이 책정된 영양소; 에너지, 단백질, 비타민 A, 티아민, 리보플라빈, 나이아신, 비타민C, 칼슘, 철
1967 1975	□제1, 2차 영양권장량 개정 • 성인여자의 표준 체위를 수정, 에너지 권장량과 단백질에 대한 권장량 새로 책정
1980	□제3차 개정 • 한국인 체위 기준치의 수정, 에너지, 단백질, 무기질 권장량에 대한 수정 작업 진행 • 전반적인 내용은 2차 개정과 다르지 않음 • 대체로 3차 개정까지는 선진국 자료에 의존하여 작성
1985	□제4차 개정(주관부처 이전: FAO에서 한국인구보건연구원으로) • 1989년 한국에서 개최되는 국제영양학회 전까지 한국인에 맞는 영양권장량을 책정하는 제1단계로 시행하게 되면서, 점진적으로 한국인을 대상으로 하는 연구를 기준으로 권장량을 책정 • 체위 기준치에 대한 수정, 에너지, 단백질에 대한 권장량의 수정, 비타민, 무기질의 권장량 수정
1989	□제5차 개정 • 식사지침 처음 추가, 일부 영양소에 대한 안전범위 제시 • 기존의 미량 영양소에 대한 연구가 많이 보완되어 권장량 책정
1995	□제6차 개정 • 한국인을 대상으로 한 연구자료를 가장 많이 참고하여 권장량을 설정
2000	□제7차 개정 • 에너지, 단백질 등의 권장량 조정 • 19가지 영양소에서 24가지 영양소로 늘리고 한국인의 영양권장량이 설정된 영양소들은 성인 여자의 권장량 기준치를 근거
2005	□영양섭취기준 제정 • 33종의 영양소를 다룸-미량영양소(비타민, 무기질)의 종류를 확대, 식이섬유와 필수아미노산에 대한 기준 강화 • 권장섭취량, 평균필요량, 충분섭취량, 상한섭취량 등 4가지를 제시

자료: 영양권장량 - 정기혜 외, 2004; 영양섭취기준-한국영양학회 발간 자료를 종합한 것임

의 건강을 최적 상태로 유지할 수 있는 영양소 섭취수준인 영양섭취기준(한국영양학회, 2005)이 마련되었다. 종전의 영양권장량에서는 각 영양소의 권장섭취량만을 제시해 온 데 비해, 영양섭취기준에서는 만성질환이나 영양소 과다섭취 예방 등까지도 고려하여 권장섭취량 이외에 평균필요량, 충분섭취량, 상한섭취량 등을 연령별로 제시하고 있다(표 4-13).

(2) 영양 및 건강관련조사 현황

남한의 영양 및 건강관련조사는 1965년 전국결핵실태조사사업을 시작으로, 우리 국민의 영양섭취 상태를 파악하기 위해 1969년 이후 1995년까지 매년 실시해 온 국민영양조사 및 1998년 이후 실시되고 있는 국민건강영양조사, 지역 보건소에서의 영유아 건강기록, 노년인구의 영양 상태 조사, 학생 신체검사 및 직장에서의 건강진단 등을 통해 영양상태 평가 및 분석이 이루어지고 있다(표 4-14).

① 국민건강 · 영양조사 실시 현황

국민건강 · 영양조사는 '국민건강증진법' 제16조, '국민건강증진법시행령' 제19~22조 및 '국민건강증진법시행규칙' 제10~17조의 규정에 근거하여 3년마다 실시되는 정부조사사업으로 우리 국민의 건강 상태, 식품 및 영양섭취 실태에 관한 전국 규모의 조사를 통해 대표성과 신뢰성이 확보된 국가통계자료를 산출하고 나아가 국가보건정책을 계획하고 실천하는 데 필요한 기초 자료를 제공하는 데 그 목적이 있다. 국민건강 · 영양조사의 목표 모집단은 조사 당해연도 대한민국에 거주하는 국민이며, 조사모집단은 가장 가까운 해에 실시된 인구주택 총 조사에 사용된 조사구다. 국민건강 · 영양조사의 1차 추출단위(primary sampling unit)인 표본조사구 추출방식은 층화집락계통추출법이다. 즉, 표본배분을 위해서 지역층(7개 광역시, 경기, 강원, 충청, 전라, 경상, 제주 등 6개 도)의 행정구역(동/읍 면)과 주거 종류(아파트/일반주택)를 층화 기준으로 하여 층화한 후에 각 층의 모집단 조

표 4-14 남한의 영양 및 건강 관련조사 연구개요

	국민영양조사[1]	국민건강조사[1]	보건의식행태조사[1]
1. 조사목적	• 건강상태와 영양섭취 상태 파악 • 영양 개선 • 건강증진시책 연구	• 이환의 수준, 종류 파악 • 의료 이용, 의료 충족 수준 파악 • 보건정책 기초자료 제공	• 건강관련행위 실태 • 건강수준 파악
2. 조사내용	• 건강조사: 신장, 체중, 상완위, 혈압, 혈색소, 구각염 • 식품섭취조사 • 식생활조사	• 개인속성 • 지불능력 • 의료요구 • 의료이용	• 사회적 요인 • 건강관련행위 • 흡연/음주/식습관/수면/운동과 체중조절/건강보조제/검진/기타 • 건강수준: 자신인식/만성질환 유무
3. 조사방법	방문조사 및 설문조사	가구면접조사	설문조사
4. 조사연도	1971~1995년(매년) 1998년 이후(3년마다)	1989년 이후(3년마다)	1989년 이후(3년마다)
5. 조사기관	보건복지부(1998년 이후 한국보건산업진흥원)	한국보건사회연구원	한국보건사회연구원
6. 조사대상 모집단	인구총조사의 보통조사구에 거주하는 모든 사람	인구총조사의 보통조사구에 거주하는 모든 사람	인구총조사의 보통조사구에 거주하는 20~59세 사람
표본추출법	지역별 확률비례계통 추출	지역별 확률비례계통 추출	지역별 확률비례계통 추출
표본규모	대도시 48, 기타 도시 27, 군부 25 2,000가구	시부 67, 군부 43 6,605가구(입원: 1,120, 의료이용: 5,269, 이환: 8,043)	시부 67, 군부 43 3,376가구, 2,799명
7. 법적 근거	식품위생법 제70조 국민영양개선령 및 동시행규칙 1995년 국민건강증진법	1983년 일반통계 승인 1995년 국민건강증진법 (통계청 지정통계 승인)	1989년부터 국민건강조사에 포함

표 4-14 계속

	전국 결핵실태조사	전국 장내기생충감염조사	환자조사
1. 조사목적	• 결핵문제의 크기와 역학적 동태 파악 • 결핵관리대책의 방향 설정, 수행방법 개선 • 결핵퇴치를 위한 국민의 자발적 참여 유도	• 기생충감염관리 방향 설정 • 계획수립	• 의료기관 종류별 및 상병별 환자수, 진료비 지불방법, 의료인 1인당 환자수, 수진율 파악 • 보건 및 의료 정책수립 기초자료 제공
2. 조사내용	• 결핵감염률 • 비결핵항상균 감염률 • BCG 접종률 • 치료력, 흡연력 등	• 충란양성률 • 충란양성률의 사회의학적 분석	• 기관조사 • 환자조사 • 외래: 성, 연령, 주소, 진단명, 진료비 지불 방법 • 퇴원: 성, 연령, 주소, 입원/퇴원일자, 치료결과, 퇴원행태, 입원경로, 내원경위, 진료비 지불방법
3. 조사방법	인구조사, X선 검사, 피부반응검사, 세균검사	대변검사, 항문도말검사 설문조사(사회경제적 항목)	의료기관에 조사표 배부, 자계식조사
4. 조사연도	1965년(5년마다)	1971년(5년마다)	1988년(2년마다)
5. 조사기관	보건복지부, 대한결핵협회	보건복지부, 건강관리협회	보건복지부
6. 조사대상 모집단	인구총조사의 보통조사구에 거주하는 모든 사람	인구총조사의 보통조사구에 거주하는 모든 사람	전국 의료기관 및 동 기관을 이용한 환자
표본추출법	지역별 확률비례계통 추출	지역별 확률비례계통 추출	의료기관 종류 및 특성에 의한 층화추출법
표본규모	시부 134, 군부 56 15,839가구, 54,870명	시부 145, 군부 49 14,504가구, 46,912명	6,480기관(7,000개 이하)
7. 법적 근거	결핵예방법	기생충질환예방법(법률 제4354호, 1991.3.8) 통계법(일반통계 제36호)	1988년 환자조사 일반통계로 승인

주: 1) 1998년 국민건강 · 영양조사로 통합되어 3년마다 조사 수행함

자료: 김복희 외, 2004

사구 수에 비례하도록 배분한 후 계통추출법으로 표본조사구를 추출하고, 이어서 각 표본조사구에서 계통추출방식으로 20가구씩 표본가구를 선정하고 있다.

국민건강·영양조사는 내용 및 조사방법상 크게 건강조사, 검진조사, 영양조사 세 가지 조사로 구성된다. 건강조사 부문의 건강면접조사에서는 조사원이 가구로 방문하여 건강수준, 의료이용, 사고 및 중독 등에 관한 사항을 대상자와의 면접을 통하여 조사한다. 건강조사부문의 보건의식행태조사에서는 조사대상자가 자기기입방식으로 흡연, 음주, 안전의식, 건강검진 등 건강관련 행태와 의식에 관하여 조사한다. 건강검진조사는 당뇨병, 고혈압, 고지혈증 등 만성병을 직접 임상검사를 통하여 조사하고 체격을 측정한다. 마지막으로 영양조사에서는 식생활, 식품섭취량, 식품섭취빈도를 조사원이 가구를 방문하여 조사한다.

(3) 영양표시제도

① 법적 근거

영양표시제도는 소비자에게 제품의 정확한 영양성분을 알게 함으로써 자신의 건강에 적합한 제품을 스스로 선택할 수 있도록 제품별로 영양성분표시를 하도록 하는 것이다. 영양표시에 관한 법적 근거를 보면 미국의 경우 '연방식품, 의약품 및 화장품법'에 그리고 일본은 '영양개선법'에서 입법취지 및 표시항목 및 항목선정 기준 등 세부사항을 규정하고 있으나, 남한의 경우는 식품의약품안전청의 고시인 '식품 등의 표시기준'에 세부적인 내용이 명시되어 있어 법적 지위가 낮다고 할 수 있다.

② 활용 현황

남한의 영양표시기준은 1994년에 도입되어 영양소기준치, 영양소함량 강조표시, 허용오차, 표시방법 등에 대해 제·개정을 해왔다. 2003년 5월 23일자로 식품 등의 표시기준이 개정되면서 과자류 중 식빵과 빵, 면류 중

숙면류 · 유탕면류 · 호화건면류 · 개량숙면류, 레토르트식품이 추가되었으며, 2005년 3월에는 과자류, 면류 전체, 음료류에까지 영양표시 대상품목이 확대되고, 2006년 9월에는 면제규정을 신설, 고시, 시행하고 있다. 또한 표시내상 영양소도 점차 확대되어 현재는 열량, 탄수화물, 단백질, 지질, 나트륨과 그 밖에 강조표시를 하고자 하는 영양성분을 표기해야 하며, 2007년 12월부터 당류, 포화지방, 트랜스지방, 콜레스테롤이 의무표시 영양소로 추가된다.

그러나 현실적으로 식품업체는 자발적으로 영양표시를 하는 데 많은 어려움을 느끼고 있으며, 영양표시된 제품의 수가 적고 표시가 되어 있더라도 표시양식이 통일되어 있지 않아 소비자가 이해하는 데 어려움이 많다. 이러한 이유로 국내에 영양표시제도를 도입한 지 10년이 지났으나 발전이 더딘 실정이다. 영양표시제도의 발전이 더뎌 초래되는 활용 현황을 세 가지 측면에서 고찰해 보면 다음과 같다.

첫째, 소비자에게 정보를 제공하는 측면으로 여전히 영양표시를 하는 제품이 많지 않으며 표시항목도 한정되어 있어 소비자에게 충분한 정보를 제공하고 있지 못하다는 것이다. 둘째, 영양표시가 실제 국민건강증진과 연계되어 활용되지 못하고 있고, 영양교육에서도 영양표시가 좋은 교육수단이 되지 못하고 있다는 점이다. 셋째, 식품업체 측면에서 보면 여러 이유로 업체의 참여가 아직 미흡하고, 실제적으로 업체가 참여할 수 있는 정부의 진흥책이 부족하여 전반적으로 영양표시제도의 활성화가 미흡한 실정이다.

③ 발전계획

영양표시제도의 조기 정착화를 위한 중장기 발전계획이 이미 2001년에 수립된 바 있다(김대병 외, 2001). 그 계획에 따르면 단기로는 2001년부터 2003년까지는 영양표시기준의 선진화, 중기는 2004년부터 2007년까지 영양, 건강관련 표현의 종합관리체계 구축, 그리고 장기로 2008년부터 2010

년까지는 전 가공식품에 영양표시 의무화를 제시하였다. 즉, 단기계획 목표로 현행 표시기준의 보완과 영양강화정책 수립을 설정하였고, 중기목표로는 장기목표 달성을 위하여 영양표시 의무화를 위한 표시기준 개발로 설정하였으며, 장기적으로 2010년에는 남한에서 유통되는 모든 가공식품에 영양표시를 의무적으로 부착하도록 하는 것이다.

(4) 국민건강증진종합계획(Health Plan 2010)

소득 증가와 인구의 고령화 현상에 따라 건강생활실천(1차 예방) → 질병예방(2차 예방) → 질병관리(3차 예방) 등의 단계별 국가개입전략을 적용하여, 이제는 치료 차원의 접근보다 질병 원인을 사전에 제거하는 예방 차원의 적극적인 건강관리정책으로 전환될 필요성이 제기되었다. 이에 보건복지부는 2002년 '국민건강증진종합계획 Health Plan 2010' 을 수립하여 건강증진 및 질병예방정책을 추진해오고 있다. 사업기간은 2002~2010년으로, 3억 3,749만 2,700원의 예산으로 중점과제 24개, 세부목표 169개, 세부사업 108개를 수행하게 된다. 건강증진종합계획의 종합적인 도달 목표는 건강수명의 연장과 건강형평성 확보다. 즉, 2010년 건강수명 72.0세를 목표로 하며, 건강생활실천의 확산, 예방중심의 건강 및 질병 관리, 인구집단별 건강관리, 건강환경 조성의 네 개 중점분야에 대한 각 중점과제(총 24개)에서 건강형평성 확보를 위한 별도의 목표를 제시하였다. 중점분야에 대한 중점과제는 다음과 같다.

- 건강생활 실천 확산 – 금연, 절주, 운동, 영양
- 예방중심의 건강관리 – 암 관리, 고혈압, 당뇨병, 과체중과 비만, 심 · 뇌혈관질환, 관절염, 예방접종대상 전염병관리, 에이즈 성병 및 혈액매개 전염병관리, 매개체 전염병관리, 식품매개 전염병관리, 신종 전염병관리, 결핵 호흡기질환 및 약제 내성관리, 정신보건, 구강보건
- 인구집단별 건강관리 – 모성보건, 영유아보건, 노인보건, 근로자건강증

진, 학교보건

- 건강 환경 조성 – 건강형평성 확보

(5) 어린이 먹을거리 안전종합대책

남한은 2003년을 '어린이 안전 원년' 으로 선포(' 03. 5. 5.)한 이후, '어린이 안전종합대책' 을 수립하여, 어린이 10만 명당 사망자 수를 매년 10%씩 낮추는 것을 목표로 관련 정책을 추진하고 있다. 이에 따라 국무총리 주관 아동정책조정회에서 아동정책위원회의를 개최하여 식약청은 유해물질안전관리(부정불량식품 안전관리) 부문을 보고하였고, 어린이 기호식품 제조판매업소 및 학교 급식 위생단속을 강화하고 있다. 보건복지부에서 ' 05년 12월 '국가비만관리 종합대책(안)' 을 수립하였고 식약청은 '비만 없는 세상 만들기 T/F' 에 참여하여 어린이 기호식품의 영양표시 강화 등 비만 예방을 위한 표시정책을 추진하고 있다.

한편 그동안 어린이 먹을거리 안전대책은 부서별로 산발적으로 추진되어 목표 및 비전 제시가 미흡하였기에, 식품의약품안전청은 보다 체계적이고 실효성 있는 어린이 먹을거리 안전정책을 추진하고자 2006년을 '어린이 먹을거리 안전의 해' 로 삼아 '안전한 식품, 바른 영양' 이라는 목표하에 어린이 먹을거리 안전 종합계획안을 발표(' 06. 5. 10)하고 어린이 건강보호를 위한 대책 마련에 본격 착수하였다. 어린이 먹을거리 안전 종합계획안은 '안전한 식품, 바른 영양, 건강한 어린이' 를 비전으로 하여 2010년까지 건강 저해식품의 판매 근절, 어린이 기호식품의 안전성 확보, 단체급식의 위생과 품질 개선, 올바른 식품 선택권의 보장, 안전관리의 제도적 기반 구축 등 5개 분야별 10개 주요과제들을 추진해 나간다는 계획이다(그림 4-3). 2006년 12월 현재 '어린이 먹을거리 안전관리사업' 으로 어린이 기호식품 내 당 · 트랜스지방 함량 실태조사, 트랜스지방 · 당 · 나트륨 섭취 저감화를 위한 교육 · 홍보 컨텐츠 개발, 어린이 먹을거리 영양기준 설정, 어린이 식중독 예방을 위한 교육 · 홍보 컨텐츠 개발, 학교 주변 식품 중

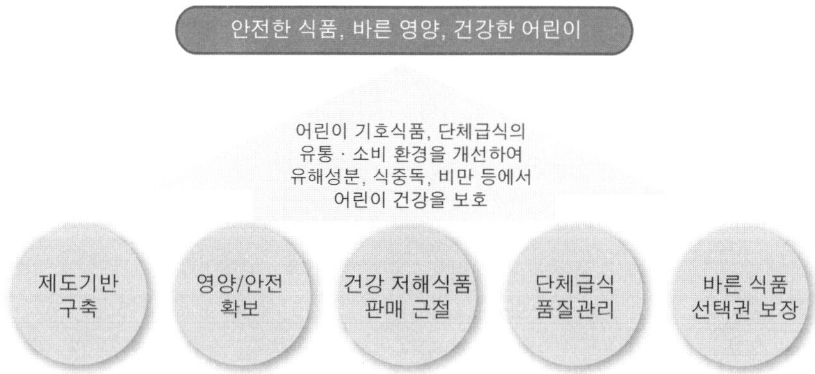

그림 4-3 어린이 먹을거리 안전 종합계획안

자료: 식품의약품안전청 홈페이지, 2007

어린이 먹을거리에 대한 안전 로드맵을 마련 시행한다

어린이 먹을거리 안전관리를 위한 제도적 기본틀 마련

어린이 먹을거리 안전 2010 로드맵 수립
학교 주변 일정지역을 어린이 식품안전보호구역(Green Food Zone)으로 지정
구내매점의 당 과잉음료 등 영양 불균형 식품의 판매 · 조리 제한 추진

어린이 기호식품의 영양성분과 식품첨가물 집중 관리

트랜스 지방 Zero화 추진 및 당, 나트륨 등에 대한 영양기준 설정
—트랜스지방 함량 1% 초과제품비율: 36%[2006] →25%[2007]→0%[2010]
어린이가 즐겨먹는 과자, 아이스크림 등에 타르색소 적색2호 사용 금지
음료, 마가린 등 보존료로 사용되는 소르빈산 등 5종의 사용기준 강화

어린이 먹을거리에 대한 눈높이 정보 제공과 교육 강화

식생활 정부 컨텐츠 및 어린이 영양표시 양식을 개발 · 부급
패스트푸드의 대중매체 광고 제한

그림 4-4 어린이 먹을거리 안전관리사업의 2007년 전략목표 및 주요 성과목표

자료: 식품의약품안전청 홈페이지, 2007

위해미생물 오염 실태조사 및 저감화 연구 등 어린이 식품의 안전과 건강을 위한 연구과제가 진행되었다(식품의약품안전청, 2006). 2007년 전략목표는 그림 4-4와 같다.

(6) 어린이 건강 대책

지금까지 어린이 영양 · 건강관련 정부 대책을 요약하면 표 4-15와 같다. 또한 그간의 정부대책의 실질적 개선효과가 높지 못했던 원인으로는 기초조사 및 통계 미흡, 정부 투자 부족, 부처 간 협조체제 부족 등이 지적되었다. 이에 대통령자문 지속가능발전위원회는 2006년 1월부터 의료계, 학계, 시민단체 등 전문가 21명으로 연구팀을 구성하여 '어린이 건강과 지속가능한 사회' 에 대한 정책연구를 수행하였고, 외부전문가 검토 및 관계부처 협의 등을 거쳐 2007년 8월 환경오염, 먹을거리 안전, 컴퓨터 중독 등 새로운 건강위협요인들로부터 어린이 건강을 적극 보호하기 위한 '어린이 건강대책' (5개 분야 54개 세부과제)을 수립하였다(지속가능발전위원회 보도자료, 2007). 대책의 주요내용은 어린이건강 국가관리체계 구축(4개 과제), 아토피 · 천식, 기타 환경성 질환 예방 및 관리(18개 과제), 어린이 먹을거리 안전 강화(11개 과제), 비만 예방 및 체력 증진(10개 과제), 컴퓨터 게임 중독 예방 및 체계적 관리(10개 과제) 등이다. 또한 국무총리실에 어린이건강정책위원회를 설치하고 매 5년마다 '어린이건강국가종합계획' 을 수립함으로써 어린이 건강정책을 총괄 · 조정, 점검 · 평가하는 어린이건강 국가관리체계를 구축한다는 내용을 담고 있다.

3) 영양정책관련 조직체계

남한의 국가 식품안전과 영양관리를 담당하는 정부조직체계는 그림 4-5와 같다. 관련부처는 국무조정실, 보건복지부, 농림부, 행정자치부, 교육인적자원부가 있고 소속기관으로는 식품의약품안전청, 농촌진흥청, 교육

표 4-15 현재까지의 남한 어린이 영양 · 건강 관련 정부대책

기관	정부대책	비고
보건 복지부	• 건강투자전략(2007년 1월) 생애주기(아동 · 청소년, 청장년, 노년층)에 따른 국가 건강투자체계 구축 • 국민건강증진종합계획(2005년 12월) 건강생활실천 확산(금연, 절주, 운동, 영양 등), 예방 중심 건강관리(암, 만성병, 전염병, 정신 · 구강보건), 인구 집단별 건강관리(모자 · 노인 · 근로자 · 학교 보건), 건강환경 조성(식품안전, 음용수, 공기, 지역사회환경 등) • 국가 비만관리 종합대책(2005년 11월) 식생활 개선, 운동 활성화 등 • 천식, 아토피 질환 예방관리 종합대책(안)(2007년 5월) 예방관리수칙 보급, 모유수유 캠페인, 표준진료지침 보급, 천식 콜센터 운영, 천식 · 아토피 친화학교 사업, 천식예보제 실시 등	어린이건강 대책을 추진 중이나 예산투자 및 부처 총괄 조정 역할은 미흡
환경부	• 어린이 환경보건 계획(2006년 5월, 환경부) 환경성 질환 조사 · 감시체계 구축, 활동 공간 등 환경 안전 확보, 유해용품 규제, 어린이 시설 실내 공기 질 개선 등	'06년에 어린이 관련 정책 시작,
교육인적 자원부	• 학교급식개선종합대책(2007년 1월, 교육인적자원부) 급식 식중독 사고 증가 '03년 43건(4,130명) ⇒ 06년 70건(6,992명), 안전하고 우수한 식재료 공급 체계 미비 등	급식 개선 토대는 마련되었으나 실질적 개선에 많은 노력 필요
식품 의약품 안전청	• 어린이 먹을거리 안전종합대책(2007년 2월, 식약청) 건강저해식품 유통 판매 근절, 기호식품 안전성 확보, 급식 위생 품질 개선, 식품 안전 영양 교육, 식생활안전관리특별법 마련 등	종합대책은 수립했으나, 구체화된 세부 실행계획은 미흡

자료: 대통령자문 지속가능발전위원회 보도자료, 2007

청, 지자체 관련 부서가 있으며 국무조정실 산하의 정부출연연구기관인 한국보건사회연구원, 한국식품개발연구원과 보건복지부 산하의 한국보건산업진흥원 등과 같은 연구기관이 있다.

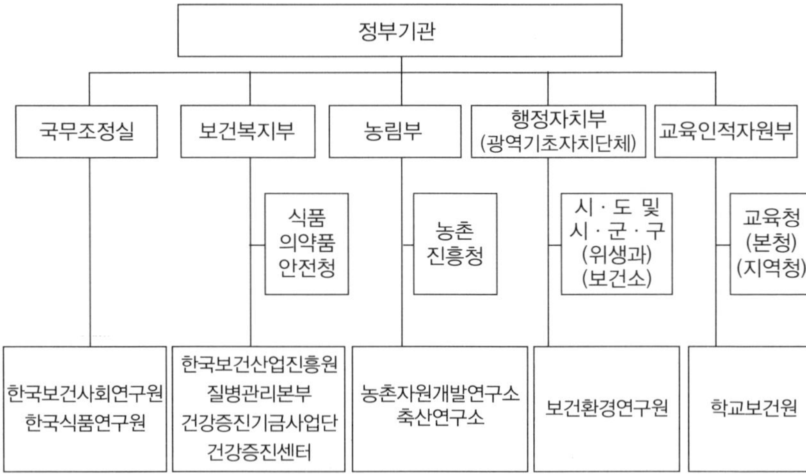

그림 4-5 정부기관 영양업무 관리 조직(2007년 11월 기준)

자료: 각 부처 및 기관별 홈페이지[4]

4) 남한 영양정책의 문제점

남한의 식생활정책은 양적으로 충분히 공급하는 것에는 어느 정도 성공하고 있으나, 영양 측면에서는 거의 검토되거나 고려되지 못하기 때문에 양적인 영양정책이라고 하기에는 어려움이 있다. 식품의 공급이나 생산이 경제적인 측면에서만 검토되고 있는 실정이다. 또한 영양 향상의 중요한 요인인 보호관리(Care) 개념이 전혀 들어 있지 않아 영양복지 향상은 정책에 반영되어 있지 않다. 예로, 교육인적자원부는 교육과정 중의 영양교육과 학교급식을 담당하고 있는데, 교과과정 중의 영양교육은 식생활과 관련되어 실시되고 있으나, 학교급식의 경우는 기본적인 개념이 학생들에게 식사를 양적으로 제공한다는 것에만 초점이 맞추어져 있다. 남한의 영양정책의 문제점을 종합해 보면 다음과 같다.

---

4 기타 법무부, 국방부 등에도 일부 영양관련 업무가 있음.

첫째, 영양관리법안의 미비를 들 수 있다. 미국의 경우 'Nutrition Monitoring and Research Act'와 'Nutrition Labelling and Education Act' 등을 갖고 있으며, 일본의 경우도 '영양개선법'을 통해 종합적이고 체계적인 국가 영양관리가 이루어지고 있으나, 우리나라의 경우 식품위생법, 국민건강증진법, 지역보건법 등에 영양사의 직능에 대한 규정과 영양업무가 산재되어 효과적인 관리체계가 미비한 상황이다.

둘째, 영양관리 행정조직의 부족이다. 중앙정부와 지방정부에 영양정책을 수립하고 집행을 담당하는 조직이 거의 전무한 실정이며, 일선 보건소에서도 영양개선업무가 효과적으로 이루어지지 못하고 있다.

셋째, 영양전문인력의 관리 미비를 꼽는다. 1996년 지역보건법의 개정에 따라 보건소에 영양사를 배치하여 지역사회 영양개선사업을 담당하도록 법적 근거를 확보하였으나, 지역 주민의 보건증진을 위한 다양한 분야에 대한 지식과 경험을 지니기 위해 재교육이 필요한 실정이다. 또한 현재 영양지도원으로 활동하고 있는 인력의 상당수는 행정직원으로 구성되어 영양업무를 개발하고 담당할 수 있는 전문성이 부족한 상황이다. 이미 배출된 영양사의 경우도 사회 취업률이 낮고, 분야별로 전문화되지 못하여 사회 변화에 대응할 만한 준비과정이 부족한 실정이다.

넷째, 영양관련 연구에 대한 지원 부족을 들 수 있다. 정부에서 국민건강증진법의 제정과 국민건강증진기금의 확보를 계기로 우리나라 국민의 건강증진을 위한 여러 분야의 연구사업 지원이 확대되고 있다. 그러나 국민영양개선사업의 성격상 사업지원 결과가 단기적인 효과를 나타내기 어려운 특성을 지니고 있어서 우선순위에서 떨어지는 경향을 보이고 있다.

5) 남한의 어린이대상 영양지원사업 현황

(1) 학교급식사업

① 학교급식의 역사

남한의 학교급식의 시작은 1950년 한국전쟁 이후 UNICEF 등 국제사회의 구호 차원에서 급식이라 할 수 있다. 이후 1977년 서울에서 발생한 학교급식에 의한 대규모 식중독 사고[5]는 일률적 제빵 급식에서 자체적인 조리 급식제로 전환하는 계기가 되었고, 1980년대 아시안게임과 서울올림픽 때 신설된 체육부는 학교급식 업무를 관장하며 학교 급식의 목표를 아동들의 체력 향상에 두는 '영양급식'을 지향하였다. 1990년대에는 경제적 발전에 의한 편식, 비만 아동이 급증함에 따라 질을 중시하는 급식으로 방향을 전환하고, 학교급식 업무를 이관하여 교육적 차원에서 실시하게 되었다(하봉운, 2007).

정책적 차원에서 학교급식의 역사를 살펴보면, 1981년 학교급식법의 제정을 시작으로 1993년 초등학교 급식 확대, 1995년 일부 중 · 고등학교의 급식 시작, 1996년 고등학교 급식 확대를 위한 위탁급식제도 도입, 2003년 중학교까지 전면 급식 추진을 통한 전국적인 급식 실시에 이르렀으며, 2006년 12월 현재 학교 99.6%와 학생 95.6%가 급식을 실시하고 있다(손숙미, 2007). 이처럼 학교급식이 양적으로 확대되면서 많은 학생들이 급식의 혜택을 받게 되었으나, 위탁급식학교에서 대형 식중독사고[6]가 발생하면서 식재료의 안전성에 대한 문제점이 크게 대두되었다. 따라서 정부에서는 '양 중심의 확대정책'에서 '질 중심의 내실화정책'으로 전환할 필요성이 절실하게 되었고, 이에 식재료 품질기준, 영양관리기준, 위생 · 안전관리기준, 학교급식 운영방식에 대한 사항을 보다 엄격하게 규정하는 개선안

5 1977. 9. 16. 빵 급식으로 인해 1명 사망, 서울지역 53개교에서 5,575명 이환자 발생

6 2006. 6. 46개교에서 3,613명 이환자 발생

을 마련하여 2006년 7월 학교급식법을 전부 개정, 2007년 1월부터 시행하게 되었다.

② 급식 현황

2007년 현재 전국 초·중등학교의 99.6%인 10,986개교에서 학생 744만 명이 학교급식을 이용하고 있고, 교직원을 합하면 780만 명 규모며 교당 평균 급식학생수는 680명 정도다(표 4-16).

③ 급식경비

학교급식 경비는 2006년도 연간 3조 4,577억 원이 소요되었는데 교육재정에서 21.8%인 7,543억 원을 지원하고, 75.4%('05년 77.1%)인 2조 6,070억

표 4-16 학교급식 실시현황 (2007년 3월 기준)

	학교수(교)			학생수(천 명)			운영형태(교)	
	전체학교	급식학교	%	전체학생	급식학생	%	직영급식	위탁급식
초등학교	5,744	5,744	100	3,937	3,795	96.4	5,732	12
중학교	3,001	2,979	99.3	2,044	1,999	97.8	2,350	599
고등학교	2,142	2,127	99.3	1,775	1,620	91.3	1,312	815
특수학교	143	136	95.1	23	22	95.7	132	4
계	11,030	10.986	99.6	7,779	7,436	95.6	9,556	1,430

주: 연도별 전체 급식률의 변화: ('97)58.4% → ('99)80.0% → ('01)91.9% → ('03)98.4%

자료: 교육인적자원부 학교체육보건급식과, 2007

표 4-17 학교급식 소요경비 현황 (2006년도 연간)

재원부담 주체별	시도 교육청	자치단체	학부모 부담	후원금/기타	계
	7,543억 원 (21.8%)	606억 원 (1.8%)	2조 6,070억 원 (75.4%)	358억 원 (1.0%)	3조 4,577억 원 (100%)
항목별	급식시설비	인건비	식품비	연료비 등	계
	1,735억 원 (5.0%)	8,444억 원 (24.5%)	2조 1,830억 원 (63.1%)	2,568억 원 (7.4%)	3조 4,577억 원 (100%)

주: 1인당 급식비(평균): 초등학생 1,700원, 중고생 2,500원 정도(학교운영위원회 결정)

자료: (사)대한영양사협회, 2007

표 4-18 학교급식 종사자 현황 (2007년 3월 기준)

구분	영양(교)사		조리사		조리원		계		
	정규직	비정규직	정규직	비정규직	정규직	비정규직	정규직	비정규직	계
초등학교	3,306	1,159	2,227	2,768	159	26,289	5,692	30,216	35,908
중학교	710	1,251	407	1,262	609	12,455	1,726	14,968	16,694
고등학교	1,035	1,015	1,057	1,007	1,283	14,171	3,375	16,193	19,568
특수학교	88	7	82	16	95	154	265	177	442
계	5,139	3,432	3,773	5,053	2,146	53,069	11,058	61,554	72,612
비율(%)	60.0	40.0	42.7	57.3	3.9	96.1	15.2	84.8	100

주: 학교급식(직영급식+위탁급식) 전체 현황임
위탁급식 업체직원 포함, 학생수 50명 미만은 영양사 등 공동관리(통합조리)
자료: (사)대한영양사협회, 2007

원은 학부모가 부담하는 형태였다. 집행내용은 표 4-17과 같다.

④ 급식종사자

2007년 3월 현재 급식시설을 갖춘 학교에 영양(교)사 · 조리사 · 조리원 등 7만 2,612명이 배치되어 있다. 직종별로는 영양(교)사 8,571명(11.8%), 조리사 8,826명(12.2%), 조리원 5만 5,215명(76.0%)이 배치되어 있으며 신분별로는 정규직 1만 1,058명(15.2%), 비정규직 6만 1,554명(84.8%)의 분포를 보인다(표 4-18).

⑤ 학교급식 영양관리 정책방향

교육인적자원부가 2007년 발표한 '학교급식 개선종합대책'은 표 4-19와 같다.

가. 학교 교육과정을 통한 영양관리 및 식생활교육 강화

국가 · 사회적 요구사항을 반영한 초 · 중 · 고등학교 교육과정 개정안이 확정 및 고시[7]되었으며, 실과(기술 · 가정) 교육과정을 개정하여 초등학교 및 중 · 고등학교 교과서의 영양 · 식생활 관련 교육내용이 보완 · 강화될 예

표 4-19 학교급식의 정책방향 및 개선 종합대책

- 양적인 학교급식 확대 ⇒ 급식의 질 향상과 과학적 관리
- 공급자 중심 학교급식 ⇒ 참여를 통한 수요자 중심 학교급식
- 소극적 학교급식 ⇒ 적극적 식생활 교육 병행
- 최소한의 급식시설 ⇒ 안전하고 쾌적한 환경의 급식시설
- 최소한의 정부지원 ⇒ 적정수준의 지원 확대로 학부모 부담 경감
- 교육부 정책 ⇒ 농림부, 보건복지부 등 범정부적인 협조와 지원
- 관리중심 급식행정 ⇒ 지원중심의 급식행정으로 전환

구분	2006년	2011년	비고
학교급식 만족도	55%	65%	
직영급식 실시율	86.5%(9,331개 교)	97.3%(10,497개 교)	
식중독 발생 건수율	4건	1건	급식 10만 건당
학교급식시설 현대화율	24.5%(2,205개 교)	35%(3,215개 교)	
조리실 냉방기 설치율	25%(2,254개 교)	100%(9,186개 교)	'10년까지 완료
식당 미보유 학교비율	23.7%(2,555개 교)	20%(2,156개 교)	
학생 고도비만율	8명	8명	학생 1,000명당
학부모 급식비 부담률	77.1%	75%	
학교급식비 지원율	17%(1,312천 명)	21%(1,633천 명)	득수, 농산어촌 포함
영양상담 실시율	–	50%	
우수농산물 급식 지원	3,784교/563억 원	6,000교/1,000억 원	

자료: 교육인적자원부 학교체육보건급식과, 2007

정이다.

나. 학교급식을 식생활 교육의 장(場)으로 운영

학교급식을 교육의 일환으로 운영하여 편식교정 등 바람직한 식생활습관 형성 등 평생건강의 기틀을 마련하도록 한다. 또한 2006년 7월 학교급식법 전부 개정으로 영양교사를 배치, 식생활 지도와 영양상담을 실시하도록 규정하였다. 그 주요내용은 다음과 같다.

7 교육인적자원부 고시 제2007-79호: '07. 2. 28.

○건강 지향적이며 성장발달 단계에 적합한 영양관리 강화

- 학교급식법 제11조 및 시행규칙 제5조의 '학교급식 영양관리기준' 준수
- 곡류 · 채소류 · 과일류 · 어육류 · 콩류 · 유제품 등 다양한 식품 사용
- 염분 · 유지류 · 단순당류 또는 식품첨가물 등의 과다 사용 제한
- 가급적 자연식품과 계절식품을 사용하고 다양한 조리방법 활용

○트랜스지방 섭취제한 방안 모색

- 성장기 학생들의 건강증진을 위해 트랜스지방이 포함된 식품제공 최소화
- 쇼트닝 · 마가린 등이 함유된 식품섭취 제한을 위한 교육 및 학부모 홍보
- '식단 선택제' 및 '식사 예절실' 운영
- 식단을 다양화하여 급식 만족도를 높이고, 식품 알레르기 유병학생을 파악하여 대체식품 제공 등 식단 선택제 운영방안 강구
- 여유교실이 있는 학교에 '식사 예절실'을 마련하여 학급별로 담임교사 임장식사를 통해 식사예절 체험교육 실시

○ '식생활 문화반' 등 특별활동 강화

- 특별활동 및 학교장 재량수업 시간에 '식생활 문화반' 등을 운영하여 식생활에 대한 관심제고 및 기초 조리능력 배양

○학교급식 '영양표시제' 시행

- 식당 배식구 옆 또는 각 교실에 식단별 주요 영양소 함량을 표시하여 게시
- 학생들에게 영양에 대한 관심을 제고하여 자기식생활 관리능력 함양

○한국형 전통식문화 계승 교육사업 실시

- 전통식문화 교육프로그램 개발 · 보급 및 교육 실시(농촌진흥청 협조)

다. 영양교사 배치 및 식생활지도와 영양상담 실시

핵가족화와 여성의 사회참여 증가에 따라 가정에서의 식생활 기능이 크게 약화되어 특히 아이들의 식생활 문제가 심각하게 대두됨에 따라, 2003년 초 · 중등교육법과 학교급식법이 개정되어 영양교사제도가 도입되었다. 영양교사제도는 2006년부터 시행되고 있으며, 2007년 10월 현재 학교

표 4-20 영양교사 배치율

구분	초등학교	중학교	고등학교	특수학교	계
급식실시 학교수	5,665	2,906	2,074	135	10,780
급식시설 설치교	4,999	1,764	1,498	130	8,391
영양교사 배치교	3,354	384	345	51	4,134
(배치율, %)	(67.1)	(21.8)	(23.0)	(39.2)	(49.3)

자료: (사)대한영양사협회, 2007

급식시설을 갖춘 학교에 4,134명(49.3%)이 배치되어 있다.

학교급식법 제13조(식생활 지도)와 제14조(영양상담 등)에 식생활교육에 관한 사항을 규정하고, 학교급식법 시행령을 개정('07. 1. 19.)하여 식생활지도와 영양상담을 영양교사의 직무로 명시하였다. 교육청에서는 시범(연구)학교 운영을 통해 식생활개선 교육자료를 개발 · 보급하도록 하였으며 비만 · 당뇨 · 고혈압 등 식사조절이 필요한 학생 및 교직원 대상 영양상담 프로그램을 운영하도록 하였다.

라. 학교급식관련 교직원 연수 및 생활교육으로 정착

학교장 및 교감 · 교사, 행정직원 대상 연수프로그램에 학교급식 관리 등에 대한 내용을 포함하도록 한다. 또한 담임교사를 통한 '밥상머리 교육', '잔반통 없는 날' 운영 등 잔반 안 남기기 교육, 학부모 대상 급식관련 정보제공 등을 내용으로 한다.

⑥ 학교급식 영양표시제 운영

2005 국민건강 · 영양조사에 따르면 학생들의 1일 과자 · 스낵류 섭취율은 45.5%인데 영양표시에 대한 관심도는 18.2%에 불과하였다. 식품의약품안전청은 식품위생법 제10조에 근거하여 2006년 9월부터 어린이 영양관리 대책의 일환으로 과자 · 스낵류의 포장에 영양표시를 의무화하였다. 교육인적자원부는 학생들의 자기식생활 관리능력 배양을 위해 2007년 2학기

에 학교 50%에 시범운영 권장 및 행정지도를 통해 2008년 3월부터 학교급식 영양표시제의 100% 확대 실시를 목표로 하였다. 2007년 8월 현재 시·도교육청이 각급 학교에 '학교급식 영양표시제' 시행지침을 시달하였으며 세부 추진전략은 다음과 같다.

○학교급식 영양표시제 운영

- 식단에 대한 열량 및 단백질·지방·칼슘·비타민 등 주요 영양량 표시
- 표시방법은 식당 배식구 또는 학급게시판 등에 게시

※ 교육행정정보시스템(NEIS) 중 급식시스템을 보완하여 '학교급식 영양표시' 출력기능 신설(2008. 2.)

○영양관련 정보제공 확대 및 식품선택 능력 배양

- 학교 홈페이지 및 가정통신 등으로 학교급식 영양표시제 홍보
- 영양에 대한 관심 제고로 학생 스스로 자기영양관리 능력 배양

⑦ 학교급식의 문제점과 실천방안

학교급식에 있어서 문제점으로는 음식의 질, 안전성과 위생적인 측면, 영양적 측면 및 제도적인 문제 등으로 요약할 수 있다(표 4-21). 충북지역의 95개 초등학교의 식단을 분석한 결과(윤혜정 외, 2007), 전반적으로 지방 비율이 높고, 탄수화물 비율이 낮았다. 새로운 영양관리기준(한국영양학회, 2005)에 맞는 식단을 작성하려면 지방의 비율을 낮출 필요가 있다고 제언했다. 특히 지방, 포화지방산 및 콜레스테롤의 급원 식품을 분석한 결과 우유가 기여하는 비율이 매우 높게 나타났으므로, 학교급식에서 저지방우유를 제공하는 방안에 대해서도 검토할 필요가 있다고 하였다. 한편 전국 14개 초등학교 학교급식 영양사 336명을 대상으로 한 설문조사(임경숙 외, 2004)에서, 초등학교 영양사가 급식 식단 관리에서 가장 중요하게 고려하는 사항은 영양기준량이었으며, 피급식자의 기호도, 위생, 경제성, 조리실의 설비와 조리 능력의 순으로 조사되었다. 또한 학교급식의 건강지향적

표 4-21 학교급식의 문제점과 실천방안

	문제점	실천방안
음식의 질	• 시설 및 조리기구의 부족으로 인한 질 저하 • 식재료의 불안전성과 조리법의 제한으로 인한 질 저하 • 학생들의 기호도 혹은 실제급식에서의 요구도와 급식내용의 불일치 • 교장/교사, 학부모에 의해 제시된 학교급식의 질 문제	• 전통적인 한국식사의 고정관념에서 벗어나기 • 다양한 조리법-오븐기의 보급과 오븐기를 이용한 조리법
안전성과 위생적 측면	• 식재료의 안전성 문제 • 조리장에서의 위생관리 • 노로바이러스 문제 • 학교급식 위생관리 체계의 미흡	〈급식의 안전성과 위생 향상 방안〉 (1) 안전한 식재료의 공급 • 식재료 전문공급업은 신고제가 아니라 허가제로 되어야 한다. • 식품위생법에 '식재료전처리업'이 허가제로 신설되어야 한다. • 각 학교에 미생물 검사 키트 보급 • 급식전문가에 의한 검수가 이루어져야 한다. • 급식전담기구인 학교급식지원센터가 설치되어야 한다 (2) 학교 급식시설의 개선
영양적 측면	• 영양적 문제 • 영양교육의 장으로서의 학교급식	• 급식과 연계한 영양 교육 및 상담 강화
제도적 측면	• 공동급식관리와 비정규직 영양사 문제 • 학교급식 전담부서의 부재	• 학교급식의 공동관리 개선과 비정규직 영양사 문제 해결 • 학교급식 전담부서 확충 • 학교급식연구원(가칭) 설립 · 운영

자료: 손숙미, 2007, 재구성

인 영양관리를 위해서는 영양기준량 이외에 식품기준량을 설정하여 다양한 식품군의 활용을 도모하는 작업이 필요하며, 이를 통해 학년에 맞추어 식품제공량을 유동적으로 조절할 수 있도록 하는 방안이 요구된다고 하였다.

(2) 결식아동 급식지원사업

생활보호, 소년소녀가장, 편부모가정 지원 등 소득과 가정형편에 따라 여러 유형으로 지원하고 있으나 알코올 중독, 질병 등 가구주의 문제로 지원금이 급식 외의 다른 용도로 사용되거나, 적절한 보호를 받지 못하여 결식하는 경우가 발생하고 있다. 학기 중에는 교육인적자원부에서 중식을 지원(30만 5천 명, 2003년)하고 있으나, 미취학아동의 결식이나 취학아동의 아침 · 저녁 결식이 문제점으로 남아 있고 특히 방학 중 문제가 심각한 실정이다. 따라서 이 사업은 경제적 빈곤이나 가족기능 결손 등으로 결식 아동에게 식사를 제공하여 아동의 건전한 육성과 사회통합에 기여함을 목표로 하고 있다.

정부는 교육인적자원부 중식지원아동 중 석식 지원이 필요한 아동, 미취학 아동 중 중 · 석식 지원이 필요한 아동 및 가족 기능 결손으로 인한 추가지원이 필요한 아동을 대상으로 관할 구역 내에서 급식활동을 벌이는 자원단체 등을 파악하여 급식이 실시되도록 조치하고 있으며, 자원봉사자로 하여금 식사배달서비스를 제공토록 연계시키고 있다. 생활보호 중인 가구의 경우 가구주가 쌀 등 주식비를 다른 용도로 사용하여 아동의 결식이 장기화되는 경우에는 현금으로 지원되는 생계비 중 주식비는 현물로 지원하는 방안을 적극 활용 중이다. 생활보호가 안 된 저소득가정 결식아동의 경우 생활보호제도의 긴급보호제도를 활용하고 있다. 또한 소득은 있으나 가정의 문제 등으로 실질적으로 결식하는 아동에 대해서도 사회복지전문요원 및 아동복지지도원이 가정방문조사를 통해 실태를 파악하여 자원단체에서 급식을 받도록 하고 있다. 결식아동신고센터로써 잉여식품나눔은행과 여성긴급상담전화를 활용하여 신고 접수된 아동과 종교, 시민단체, 사회복지관 등 무료급식시설이용 아동을 대상으로 실태조사를 벌이고 있다.

시 · 도는 결식아동 지원에 소요되는 재원을 신속히 파악하여 각 시 · 도 공동모금회 등에 지원 요청하고 있으며, 기업이 운영하는 복지재단에서 결식아동에 대한 급식을 실시하고 있는 자원단체 등에 대해 제반비용을 지원토록 하고 있다. 2004년 현재 전체 사회복지관 367개소 중 279개소가 급식을 지원(11,000명 이용)하고 있으며, 급식을 실시하지 않는 사회복지관, 장애인 및 노인복지관 중에서도 급식을 실시하도록 독려하고 있다. 위생 상태가 청결한 일반음식점 등에서 인근 결식아동에 대한 무료급식을 지원토록 협조 요청하고 있으며, 일선행정기관(읍 · 면 · 동)과 참여희망 음식점이 연계하여 급식을 지원하고 있다. 인근에 지원시설 접근이 곤란한 경우에는 자원봉사자 및 결연 후원자를 통한 식사지원과 상담을 실시하고 있으며, 종교 · 자원봉사 단체의 무료급식 활동을 장려하고 있다.

① 결식아동 급식 실시 현황

보건복지부의 연도별 아동급식 지원현황을 살펴보면, 2000년 1만 4,218명이었던 급식아동은 2002년 1만 3,610명이었으나 2004년 23만 5,202명으로 급증하였으며, 2005년에는 약간의 감소 추세를 보여 21만 4,009명이었다(표 4-22). 급식아동 수를 취학 형태별로 보면(표 4-23) 초등학생이 46%로 가장 높은 비율을 차지하고 있다. 또한 급식아동 중 국민기초생활수급자가 70.8%, 비수급자가 29.2%로 국민기초생활수급자의 비율이 41.6% 높다.

결식아동을 위한 급식지원체계(표 4-24)는 크게 정부 차원과 민간 차원으로 구분되며, 정부 차원에서는 운영주체에 따라 중앙정부와 지방정부로 나누어 볼 수 있다. 중앙정부는 교육인적자원부 학교체육보건급식과, 보건복지부 아동복지팀, 행정자치부 시 · 도 보건복지국에서 담당하고 있으며, 지방정부는 교육청에서 학교를 통해, 지방자치단체는 종합사회복지관을 통해, 보건복지부는 지역아동센터를 통해 주로 급식 지원을 하고 있다. 민간 차원에서는 운영주체에 따라 사회복지시설, 민간공부방, 종교 · 민간 지원단체, 개인, 각종 법인과 비영리단체 등이 아동급식을 실시하고 있다.

표 4-25에는 현재 실시되고 있는 방학 중 급식의 방법별 현황을 나타내었다. 지원방법은 식품권 제공, 주 · 부식 배달, 도시락 배달, 인근 지역 식

표 4-22 연도별 아동 급식 지원현황 (단위: 명)

연도	2000	2001	2002	2003	2004[1)]	2005	2006[2)]
아동수	14,218	13,773	13,610	13,792	235,202	214,009	191,689

주: 1) 관리부처가 교육인적자원부에서 보건복지부로 이관되면서 확대됨

2) 2006년 6월 현재

자료: 2000~2005년: 보건복지부 『2005 보건복지백서』, 2006; 2006년: 보건복지부, 『아동급식 지원현황』, 2006

표 4-23 취학 형태 및 국민기초생활 수급대상 여부별 방학 중 아동급식 지원현황 (단위: 명)

구분	취학 형태				국민기초생활 수급자 여부		계
	미취학	초등학생	중학생	고등학생	수급자	비수급자	
계	5,574	114,781	69,605	59,503	176,701	72,762	249,463
방학 중 확대[1)]	3,324	87,389	53,667	48,138	148,066	44,452	191,689
기존 급식[2)]	2,250	27,392	15,938	11,365	28,635	28,310	56,945

주: 1) 학교 급식지원 대상자 중 방학 중 확대지원 추가인원

2) 미취학 및 취학아동 조 · 중 · 석식 지원

자료: 보건복지부, 보도자료, 2005. 1. 12.

표 4-24 결식아동 지원조직 현황

구분	조직	세부현황
조직유형	중앙정부조직	교육부, 행정자치부, 보건복지부
	지방정부조직	초등학교, 동사무소 등
	지역 사회복지관	종합사회복지관, 재가복지봉사센터
	기타 사회복지시설	한국복지재단 외
	민간 공부방	지역 공부방 외
	기타 종교 · 민간 지원단체	불교사회복지회 외
운영주체	정부(중앙, 지방)	교육부, 행정자치부, 보건복지부
	법인단체	한국복지재단, 사회복지공동 모금회 등
	비법인단체	민들레 쉼터, 아이들의 미래 등
	개인	–

당, 지역아동센터(공부방), 사회복지관 등 사회복지시설 이용의 순으로 나타났다. 결식아동에게 점심식사를 제공한다는 급식의 근본적 취지를 살리는 차원에서 각 방법별 장 · 단점 비교와 확대 실시의 수월성 등을 고려하

표 4-25 결식아동 급식 전달체계와 현황 (단위: 천 명)

구분		지원방법	대상 인원
직접 제공	급식소	지역아동센터(공부방), 사회복지관 등	26
	식당	인근지역 식당	43
간접 제공	도시락	도시락 배달지원	52
	주 · 부식	주 · 부식 배달지원	62
	식품권	농어촌 등 일부지역은 식품만 교환 가능한 식품권 지원	64
	기타	기타 우유, 빵, 식수 등 지원	3
		계	250

자료: 보건복지부, 보도자료 재구성(2005. 1. 13.)

여 대안 마련이 이루어져야 한다고 본다. 즉, 방학 중 급식 지원이 대폭 확대됨에 따라 지역복지관련단체 등의 급식 용량 부족으로 영리를 목적으로 하는 민간식당, 도시락 업체를 통한 위탁급식 지원이 증가함에 따라 급식의 질이 낮아질 우려가 있고, 식품권의 경우는 다른 용도로 사용되어 실제 급식이 제공되지 않을 수 있다는 문제점이 지적되고 있어 이의 해결이 필요하다.

국내 방학 중 결식아동 급식프로그램 사례로는, 1993년 9월부터 시작된 폐광지역 결식아동을 대상으로 하는 월드비전의 겨울방학 중 결식아동 급식지원 프로그램이 있다(김민숙, 2000). 일명 '신나는 겨울학교'로, 겨울방학 동안 결식아동들의 점심을 지원하는 프로그램이다. 아동들은 차량을 이용하여 일정장소에 오게 되고 이곳에서 인간관계훈련, 영화관람, 신문만들기 등의 다양한 프로그램에 참여하게 된다. 극기 훈련을 통해 참가 아동 전원이 하나가 되는 경험, 하얀 눈밭에서 뒹구는 눈썰매 경험, 음악에 맞춰 춤을 추는 경험 등이 그것이다. 사업 종결 시 아동들은 식사 제공은 물론 이와 함께 이루어지는 신나는 프로그램으로 인해 다음에도 이러한 프로그램을 꼭 했으면 좋겠다는 설문 응답을 보였다. 이 프로그램은 아동들에게 식사 한 끼를 제공하려는 단순제공에서 벗어나 자칫 상처받기 쉬운 아동들에게 신나게 뛰어놀 수 있는 참여공간을 마련하였고 아동들의 풍부한 감성을 배려했다는 점, 또한 지역사회 주민들이 재원 마련, 자원봉사, 프로그램에 필요한 물품지원 등에 직접 참여했다는 점에서 결식아동의 문제를 우리의 문제로, 지역사회의 문제로 풀어간 좋은 사례로 볼 수 있다.

② 문제점

대구광역시 결식학생과 일반학생의 영양상태를 비교 분석한 논문(배은주 외, 2001)에서, 결식학생들은 식사 빈도가 낮았고 식습관이 일반학생에 비해 나빴으며 신체 계측치 및 영양소의 섭취도 낮은 것으로 나타났다. 따라서 아동급식 지원에 있어 균형잡힌 식단이 제공될 수 있도록 하는 시스템의 구축이 필요하다고 시사되었다. 또한 2005년 1월 발생한 결식아동에 대한 부실 도시락 파문의 대표적인 예인 서귀포시와 군산시의 결식아동 지원 도시락을 분석한 결과, 제공된 열량은 기준치에 비해 크게 미달하고 주요 반찬이 가공식품, 튀김류로 지방, 콜레스테롤, 염분의 양이 지나치게 많이 들어 있으며, 비타민, 칼슘, 무기질 등 필수영양소가 함유된 음식이 거의 없어 영양구성이 불량한 것으로 나타났다(양일선, 2005).

더욱이 부실 도시락을 지급받은 아동들이 대표적인 영양취약집단이라는 데 문제가 있다. 2001년 국민건강 · 영양조사 결과에 따르면, 우리나라 저소득층 국민의 영양섭취 수준은 다른 소득계층에 비해 매우 낮았으며 가장 대표적인 영양취약 집단은 저소득층 가구의 아동과 청소년으로 조사되었다. 특히 저소득층 아동과 청소년의 경우, 에너지를 비롯한 대부분의 영양소 섭취 수준이 권장량에 미달될 뿐만 아니라 칼슘 섭취 부족은 공통적인 영양문제로 나타났다. 아침 결식률이 40% 정도로 높은 비율을 차지해, 아침결식에 의한 영양소 섭취량의 감소가 심각한 문제로 대두되었다. 따라서 이러한 영양적인 문제점을 개선하기 위하여 점심식사만이라도 하루 동안의 부족한 영양을 충분히 보충할 수 있도록 제공되어야 함에도 불구하고, 부실 도시락의 지속적인 섭취로 인해 영양불균형으로 인한 빈혈,

대사증후군 등이 초래될 수 있다.

③ 정책 제안

결식아동을 위한 정책은 무엇보다도 결식을 하게 된 아동을 위한 복지 서비스 제공이 우선이며, 아울러 결식아동의 발생을 방지할 수 있는 체계적인 대책 마련이 필요하며, 구체적인 정책적 제언은 다음과 같이 제시되었다(이형하, 2006).

첫째, 무조건적으로 급식 지원을 확대하는 데만 초점을 둘 것이 아니라 결식아동 급식 확대의 근간인 결식대상아동의 정의와 범위, 결식대상아동 확대 기준 및 선정 절차 등을 명확히 하여 대상 아동 선정의 적절성을 제고하는 노력이 필요하다.

둘째, 보건복지부는 교육인적자원부 재산인 각 학교의 급식시설 및 인력을 방학 중 활용하는 방안을 적극 모색해야 한다. 약 7천여 개에 달하는 전국 학교급식 시설 및 인력 자원 중에서 빈곤아동 밀집지역의 경우는 개방하는 것도 검토되어야 한다. 특히 여름철의 경우 식중독 발생 우려가 높아 학교급식 시설의 개방 급식소로 전환하는 것도 검토가 필요하다. 즉, 다른 교사와의 형평성 측면에서 방학 중에 영양 교사, 조리사 등 관련 인력의 활용이 어려울 시 현재 학교 급식에 종사하지 않는 조리사, 영양사 등 전문 인력을 기간제 인력으로 활용한다면 일자리 창출의 효과도 거둘 수 있고, 또한 최근 학교 기숙사 임대 조치와 마찬가지로 학교 급식시설을 담당 지자체(혹은 보건복지부)에 임차해 정부 인프라의 활용을 극대화하는 인식의 전환이 필요하다 하겠다.

셋째, 농어촌, 낙도 등의 지역적으로 분산되어 직접적인 급식과 도시락 배달 등 현물 지원이 어려운 결식아동에 대해서는 우선 가정 내 적절한 요리 공간 확보와 집기비품에 대한 지원을 위한 결연사업의 확대가 필요하다. 또한 농어촌의 늘어나는 조손가구에 대한 급식지원체계 마련도 병행되어야 할 것이다

넷째, 기왕에 방학 중 급식이 사회복지전달체계 하에서 실시되고 있다면 기존의 사회복지체계를 충분히 활용할 필요가 있다. 2004년 현재 전국에는 250여 개의 푸드뱅크가 설치되어 있으며 각 푸드뱅크별로 음식을 수거, 전달하는 전달체계를 모두 구축하고 있으므로 도시락 배달 시에 좋은 배달원이 될 수 있을 것이다. 도시락 배달과 더불어 주 · 부식 무료 제공사업도 함께 수행한다면 사업의 효과가 배가될 것이다.

다섯째, 비교적 체계화, 전문화된 학교급식에서도 종종 대형 식중독이 발생하고 있으므로 결식아동 급식에도 식품안전 제고를 하기 위하여 위생점검을 실시해야 한다.

(3) 학생중식지원사업

학생중식지원사업은 기초생활보장수급자, 결손가정 등 가정형편이 어려워 학교급식비 납부가 곤란하거나 중식 지원이 필요한 학생들에게 중식을 무료로 지원하는 것으로, 교육인적자원부에서 1989년부터 시작되었다. 즉 교육인적자원부에서는 1988년 12월 최초로 국회에서 초등학교에 지원경비 전액을 국고로 지원하기로 결정한 후 1991년 5월 '결식아동에 대한 급식'을 '중식 지원'으로 변경하였으며, 1997년부터는 중식 지원 대상을 중 · 고등학교 학생까지 확대하였고, 1999년 8월 학교급식법을 개정하여 학생중식지원사업을 법제화하였다. 2000년 3월부터는 저소득층 지원 확대 방안의 일환으로 토 · 공휴일까지 중식 지원을 하게 됨에 따라 연 365일 지원이 이루어지고 있다(교육인적자원부, 2003).

한편 2000년 2월 제9차 국무회의시 저소득층지원 확대 보고(보건복지부장관)를 통해 토 · 공휴일 포함 365일 중식 지원은 교육부에서, 미취학아동 중 · 석식과 학생 석식 지원은 복지부에서 하기로 하였다. 이후 2002년부터는 학기 중 급식비 지원과 방학 등의 중식 지원으로 구분하여 운영하기로 하였다. 지원인원은 급식비 지원 30만 5,000명(180일), 방학 등 중식 지원 3만 9,000명(185일)이다. 지원예산은 국고 50% 이상, 나머지는 지방비에

표 4-26 학생 중식 지원 실적현황

구 분	1999	2000	2001	2002	2003	2004[1]	2005
전체 학생수	8,083,633	7,951,998	7,883,882	7,838,110	7,790,032	7,808,145	7,799,000
지원학생수(명) (지원율)	151,375 (1.87)	164,000 (2.06)	164,000 (2.08)	97,703 (2.52)	305,568 (3.92)	407,872 (5.22)	468,288 (6.00)
지원액(백만원)	70,822	95,223	113,523	112,054	113,511	136,391	144,757
- 국 고	20,121	95,223	56,945	56,945	56,945	47,802	133,774[2]
- 지방비	50,701	38,278	56,578	55,109	56,566	88,589	10,983[2]
비 고	270일 (수업일 +방학)	365일 (토·공휴일 포함)	365일 (토·공휴일 포함)	학기중 197,703명 방학 등 108,648명	학기중 305,568명 방학 등 39,420명	-	-

주: 1) 2004년부터 토 · 공휴일 및 방학 중식 지원은 보건복지부가 석식과 함께 지원토록 부처 간 업무가 조정됨 (국무조정실에서 조정)

2) 정부혁신지방분권이위원회에서 2005년부터 지방 이양키로 결정('04.07)함에 따라 시 · 도교육비특별 회계 예산에서 소요예산 전액 확보 지원

자료: 2003 빈곤가정학생 중식지원현황, 교육인적자원부, 2003; 2003~2005 시도별, 학급별, 저소득층 자녀 중식 지원 현황, 교육인적자원부, 2005

서 부담하는데 2003년 소요액은 총 1,135억 원이었다. 지원방법은 학기 중(평일)에는 학교급식은 무료제공(1식당 1,500~2,000원)이고 방학 등(휴일)에는 지역사회복지관 및 민간복지시설, 지정음식점 이용, 농산물교환권, 식재료 가정배달 등으로 지원(1식 2,500원)한다.

(4) 임산부 및 영유아 보충영양관리사업(영양플러스 사업)

취약계층에 대한 국가의 체계적인 영양 관리 및 지원을 위해 2004년 건강증진기금 지원 사업으로 우리나라에 '취약계층을 위한 국가 영양지원제도'를 도입하기 위한 정책연구가 수행되었다(김초일 외, 2005). 미국에서는 이미 1974년부터 WIC(Women, Infants and Children) 프로그램을 통해 국가에서 가임기 여성, 영유아, 어린이의 체계적인 영양관리를 실시해 왔으며, 여러 연구에서 WIC을 통해 태아 및 영아 사망률 감소, 조산율 감소와 저체중아 출생률 감소, 임신부 및 영유아의 철 결핍성 빈혈 발생률 감소, 어린

표 4-27 임산부와 영유아 보충영양관리사업 진행경과 및 계획

연도	내용
2004	• 취약계층을 위한 국가영양지원제도 도입연구 사업안 마련
2005	• 1차 시범사업 실시(3개 보건소) 사업의 적용가능성 검토 사업안의 수정/보완
2006	• 2차 시범사업 실시(11개 시 · 도 15개 보건소) 지역 특성에 따른 사업적용방안 검토 사업안의 수정/보완
2007	• 3차 시범사업 실시(13개 시 · 도 20개 보건소) 보다 확대된 지역에서의 효과적인 사업수행방안 검토 사업안의 수정/보완
2008 이후	• 단계적 전국 확대

자료: 김초일 외, 2006

이 식생활 개선과 임신부의 적절한 체중 증가 등의 효과가 입증된 바 있다. 우리나라 임산부 및 영유아 보충영양관리사업은 보건복지부에서 추진하는, 영양 취약계층을 위한 국가영양지원제도다. 즉 최저 생계비 대비 200% 미만인 저소득층의 영양 위험요인을 가진 임신 · 수유부와 영아 및 6세 미만 유아를 대상으로 영양교육을 최소 월 1회 실시하고, 부족한 필수 영양소를 특정 식품의 형태로 지원하여, 이들의 영양 섭취상의 문제를 해결하며, 장기적으로는 평생건강유지의 틀을 확보하고자 하는 사업으로, 국민의 건강을 태아단계부터 관리하여 전 생애에 걸쳐 건강할 권리를 보장하는 국가영양지원제도다.

대상자에게 지원되는 식품은 대상별로 문제가 되는 영양소를 고려하여 에너지, 단백질, 칼슘, 철, 비타민 A, 리보플라빈, 나이아신 등의 섭취량을 보충할 수 있으면서도 취급과 보관이 용이한 것으로 구성되었다. 대상별로 조제분유 · 이유식 · 쌀 · 국수 · 달걀 · 우유 · 씨리얼 · 김 · 미역 · 참치통조림 · 오렌지주스 등이 차별 지원된다. 현재 2005년 4월부터 11월까지 3개 보건소[8]를 대상으로 1차 시범사업을 실시한 데 이어, 2006년에는 11개

시 · 도의 15개 보건소에서 2차 시범사업을 실시하였다. 각 보건소에서 운영되는 시범사업은 한국보건산업진흥원에 위탁한 시범사업추진단에 의해 관리되며, 이 추진단에서는 사업담당자에 대한 교육실시 및 관리와 시범사업 참여 보건소에서 활용할 자료와 도구 마련 등 전반적인 사업과정을 지원하게 된다.

2006년 사업 전후의 사업 수혜자 영양 상태 비교를 통해 대상자의 영양 상태 및 식생활 태도에 변화가 있음을 알 수 있었다. 즉 빈혈 및 영양소 섭취 부족 판정 대상자비율이 감소하였고 영양지식 및 식생활 태도가 향상되었으며, 사업에 대한 대상자의 만족도 점수는 100점 만점으로 환산 시 83점인 것으로 보고(김초일 외, 2006)되었다. 향후 2007년 20개 보건소, 2008년 100개 보건소에서의 시범사업 운영과 보충영양관리사업의 평가를 통해 시범사업의 전국적 확대를 추진하는 것을 목표로 하였다.

(5) 푸드뱅크(Food Bank)사업

서구의 패스트푸드형 식문화에 비해 우리나라의 한식문화는 잉여식품의 발생가능성이 높으며, 유통기한이 있는 가공식품의 경우도 판매시점관리를 통해 복지 자원화할 수 있는 물량이 다량 존재한다. 따라서 노숙자, 결식아동 · 노인, 비인가시설 등 복지의 사각지대가 광범위하게 남아 있는 가운데 이웃의 도움으로 끼니를 해결할 수 있는 제도 마련의 필요성이 부각되었다. 또한, 외환위기로 발생한 노숙자 등 저소득층 지원에 대한 국민적 공감대가 확산되면서 푸드뱅크사업은 쉽게 복지사업으로 도입할 수 있는 계기가 되었다. 이렇게 외환위기로 인한 사회적 배경에 따라 도입되었던 푸드뱅크사업은 연간 14조 원의 식품자원 낭비를 '식품나눔복지제도'로 전환하기 위한 보건복지부의 정책사업으로서, 1998년 6월부터 보건복

8 서울 성북구, 경기 군포시, 충남 아산시

지부 100대 국정과제로 선정 추진되고 있다.

푸드뱅크사업은 사용가능한 식품자원의 낭비 예방과 우리사회 결식문제 완화 등 국민의 사회복지참여 제고에 중점을 두고 추진하고 있다. 2005년 2월말 현재 전국적으로 257개소의 푸드뱅크가 설치 · 운영되고 있으며, '푸드뱅크운영관리 DB시스템' 운용으로 업무의 표준화와 효율화를 도모하고 있다. 2007년 현재 푸드뱅크사업을 운영함에 있어 보건복지부에서는 사회복지정책본부 복지자원팀에서 그 업무를 총괄하고 있고 시 · 도에서는 사회복지과 또는 여성정책과 등에서 담당하고 있다. 민간부문에서 직접 푸드뱅크사업을 수행하는 기관으로 전국단위 푸드뱅크는 한국사회복지협의회에서, 광역단위 푸드뱅크는 시 · 도사회복지협의회 또는 사회복지시설 등에서, 시 · 군 · 구 단위의 푸드뱅크는 사회복지관 등 사회복지시설 등이 있다. 중앙은 전국 푸드뱅크, 시 · 도는 광역 푸드뱅크, 시 · 군 · 구는 기초 푸드뱅크라고 하며 식품을 기탁하는 개인, 기업 또는 법인을 회원으로 가입시켜 운영하고 있다.

그간 기탁 및 배분 실적을 살펴보면, '98년 시범사업년도에 28억의 식품이 기탁된 후 '99년도 및 2000년도에도 전년대비 기탁가액이 각각 84%, 40%나 증가하였다. 기탁 횟수는 '99년도에 전년대비 4.3배, 2000년도에 1.4배 증가하고 소액기탁이 증가했다. 기탁품목은 초기에 빵 등 간편식이 많았으나 점차 가공식품 및 조리음식 등이 증가하였다.

푸드뱅크는 인지도 제고와 편리한 이용을 위해 전화번호 '1377'을 누르면 푸드뱅크와 연결되어 식품기탁 및 배분 요청이 가능하도록 하였으며, 기탁자에 대한 조세감면 혜택을 부여하고 있다. 식품제조법인이 식품을 기탁하는 경우 전액 손금처리가 되도록 조세특례제한법을 마련하여 1999년도부터 시행하고 있으며, 음식료품 제조업, 도 · 소매업을 영위하는 자가 기탁한 식품에 대해서는 기탁가액을 필요경비 또는 손금으로 산입하여 비용처리하도록 2001 소득세법 · 법인세법시행령이 마련되었다. 푸드뱅크사업의 법적근거 마련과 식품기탁자 및 푸드뱅크 보호를 위하여 식품기탁

촉진에 관한 법률이 마련되었으며, 주요 내용으로는 푸드뱅크의 설치, 기탁자 및 푸드뱅크의 면책, 정부의 푸드뱅크 지원 등이 포함되어 있다.

푸드뱅크의 수혜대상자는 생계가 어려운 가정이나 개인이 되어야 하나 그 동안은 복지시설이나 무료급식소가 대상자였다. 그러나 최근에는 결식아동, 소년소녀가장, 독거노인, 생활보호대상자 등 지역사회의 저소득층에게 배분비율이 점차 높아지는 추세에 있다. 식품의 특성에 따라 노인, 아동, 여성 등에 맞게 배분하고 배분대상은 무료급식소, 독거노인, 모자·부자가정의 아동, 소년·소녀가장, 결식아동 등을 우선하여 지원하도록 권장하고 있다.

사업 초기에는 제도적 기반도 마련되어 있지 않고 식품기탁자도 없어 정부가 직접 사업의 기초를 닦았으나 점차 민간중심의 사업으로 전환 중이다. 푸드뱅크사업의 기본인 연락망 구성, 냉동차량 및 냉장고 비치, 운반도구 준비 등 예산이 수반되는 사항은 초기에 정부주도로 지원되고 있다. 현재 정부에서는 푸드뱅크 조직이 지방 행정조직과 파트너가 되도록 전달체계를 구축하여 행정지원이 용이하도록 하고, 지역단위사업을 기본으로 추진하고 있다. 또한 기탁식품은 복지서비스의 대상이 되는 재가 아동·노인·장애인 등이 주 수혜자가 되도록 분배하며, 식품기탁촉진에 관한 법률안이 제정되어 최소한의 예산을 지원 받을 수 있도록 하고 선의의 기탁자를 보호하도록 하고 있다.

(6) 모자보건사업

모자보건사업은 임신 및 출산 지원, 임산부 및 영유아 건강관리, 미숙아 및 선천성이상아의 장애발생 예방 및 모유수유율 제고 등을 통하여 모성과 영유아의 사망 및 장애를 방지하고 건강을 증진시킴으로써 가정의 건강과 안녕 및 인구의 자질 향상을 목표로 한다. 1999년부터 3년간 전국 23개 보건소를 모자보건선도 보건소로 지정하여 시범사업을 실시하여 영유아 성장발달 스크리닝, 선천성이상아 및 저체중아 추구관리 등 16종의 모자보건프로그램을 개발, 운영함으로써 지역사회 모자보건사업의 양적 · 질적인 향상을 도모한 바 있다. 2002년부터는 가족보건사업으로 확대하여 시범사업에서 개발한 모자보건 세부프로그램 중 2~3개 프로그램을 선정하여 68개 보건소에서 모자보건선도사업을 실시한 바 있다. 모자보건선도보건소사업 담당조직은 가족보건을 비롯하여 건강증진, 가족의약 및 방문보건팀 등이다.

과거 모자보건사업은 주로 모성과 영유아를 대상으로 하여 이 시기에 특수하게 나타나는 기본적인 건강문제를 해결하는 하나의 단일보건사업의 성격으로 임산부, 영유아 등록관리와 임산부 산전 · 산후 분만관리 및 영유아 예방접종 및 건강진단을 실시하여 정신지체아 발생을 사전에 예방하는 등 임산부, 영유아 건강관리에 역점을 두고 추진되었다. 최근 산업화 및 여성의 사회 진출, 핵가족화, 생활양식의 변화, 결혼연령의 지연 등으로 사업대상자의 요구가 다양화되고 있으며, 모자보건 문제가 과거와는 달리 보건의료부문을 넘어선 사회구조적인 문제로 파생됨에 따라 보건의료 측면에서의 내용은 물론 사회교육 · 환경부문 등에서 포괄적 접근하는 것이 필요하다. 이에 따라 모자보건사업 영역이 임산부 및 영유아에서 향후 모성이 될 청소년 및 미혼여성과 장년기 여성까지 확대되고, 사업내용도 생식보건, 주산기관리 및 성장발달 클리닉 등으로 확대되기에 이르렀다. 2007년에 발표된 모자보건사업의 주요내용은 다음과 같다.

- ○임산부 및 영유아 건강관리
  - 임부 신고 · 등록관리, 건강검진 및 고위험 임부관리
  - 영유아 등록관리, 건강검진 및 영유아 성장 · 발달 스크리닝
- ○미숙아 및 선천성이상아 등록관리
  - 미숙아 및 선천성이상아 등록관리 및 의료비 지원
  - 미숙아 및 선천성이상아 환아 추구관리
- ○선천성대사이상 검사 등 장애아 발생 예방

• 신생아에 대한 선천성대사이상 검사 및 정도관리 강화
• 선천성대사이상아 등록관리 및 환아관리비 지원

○ 지역 중심의 보건소 여성과 어린이 건강증진사업의 효율성 제고
• 지역 요구에 적합한 지역모자보건사업의 기획 및 평가능력 향상
• 민 · 관 협력체계 구축 및 지역사회 자원 개발 및 활용

○ 엄마젖먹이기 운동 확산
• 범사회적 모유수유 홍보 · 교육 강화
• 의료기관 모자동실제 추진 실태 파악 및 실천율 제고 유도
• 민간단체, 언론계 등과의 협력 모유수유권장 캠페인 등 전개
• 인공수유에 관한 불법광고 모니터링 실시

○ 모자보건수첩 사용 생활화 유도
• 정부 모자보건수첩 활용도 제고
• 모자보건수첩 보건기관 및 의료기관 연계 사용

○ 출산지원 강화
• 불임부부에게 시험관아기 등 시술비 일부 지원

○ 산후조리원 신고제 도입
• 산후조리원 개설 · 운영에 필요한 인력 · 시설기준 마련으로 임산부 · 신생아 안전관리 강화

○ 신생아 청각선별검사 시범사업 실시
• 16개 시 · 도별 각각 1개 보건소 시범사업

○ 임산부 배려 캠페인 실시
• 외견상 표시되지 않는 초기 임산부 등에 대한 사회적 배려가 필요
• 언론매체 등을 통한 홍보로 임산부를 배려 · 존중하는 사회분위기 조성
• 교통수단, 공공장소 등 임산부 배려가 필요한 장소에서 배려 캠페인 실시

○ 가임기 여성 건강증진 지원
• 가임기 여성의 생식건강 증진을 지원하여 안전한 임신 · 출산 보장, 임신소모 최소화, 출산율 안정화에 기여

제5장
외국의 어린이 영양정책

1. 국제기구와 외국의 어린이 영양정책

1) 국제기구의 어린이 영양정책

UN은 2015년까지 새천년 개발목표(Millennium Development Goals)의 달성을 목표로 체계적이고 지속적인 노력을 기울이고 있다. 8가지 목표 중 첫 번째인 '극심한 가난과 기아를 몰아내자' 와 네 번째 목표인 '유아사망률을 감소시키자' 는 어린이의 영양문제와 직접적으로 연결되는 목표다(UN Millennium Development Goals, 2007). 이러한 목표를 위해 적극적인 활동을 벌이고 있는 UN의 대표적인 기구로는 UNICEF와 WHO, 세계은행(World Bank) 등을 들 수 있다.

UNICEF는 이 중 특히 저개발국가의 어린이를 대상으로 한 영양개선 활동을 펼치고 있는데 이를 위하여 적극적인 자금 모금과 프로그램을 개발하고 있다. World Bank 또한 최근 들어 영양사업에 보다 적극적인 관심을 보이고 있다. 2006년에 발간한 *Repositioning Nutrition as Central to Development*는 이러한 World Bank의 정책적 입장을 명확히 보여준다(The World Bank, 2006). 이 책자에서 World Bank는 영양정책 및 프로그램에의

투자는 그 어떤 투자보다 높은 경제적 · 비경제적 보상을 가져옴을 역설하고 이에 국가적 차원의 영양투자의 중요성을 강조하고 있다.

UNICEF와 World Bank가 주로 어린이의 영양결핍을 감소시키기 위하여 노력하는 것에 비해 WHO는 영양관련 만성질환을 예방하기 위한 정책을 보다 중점적으로 펴나가고 있다. 만성질환의 문제가 선진국에서뿐만 아니라 저개발국가에서도 급속히 증가하고 있고, 이러한 만성질환의 발병이 태아기 및 영유아기의 영양 상태와도 밀접한 관련이 있음이 보고됨에 따라 WHO는 이러한 문제의 예방을 위해 노력하고 있다(WHO, 2003).

2) 선진 외국의 어린이 영양정책

(1) 일본

일본 국민의 건강에 대한 목표로 제시된 '건강일본 21' 에서는 영양 및 식생활 분야의 국가적 목표를 영양상태 및 영양소 섭취수준의 변화, 행동변화, 환경변화의 세 영역으로 나누어 제시하고 있다(한국보건사회연구원 · 식품의약품안전청, 2004). 이 중 특히 어린이를 대상으로 한 목표로 '아동 및 학생의 비만비율 감소' 와 '아침결식률의 감소' 를 포함하고 있다.

특히 일본 정부는 2005년 7월 식육기본법(食育基本法)의 제정을 계기로 어린이 영양의 중요성을 범국가적 차원에서 강조하고, 이를 개선하기 위한 다양한 정책을 내놓았다. 식육기본법에서 식육이란 '식에 관한 지식과 식을 선택할 힘을 습득하고 건전한 식생활을 실천할 수 있는 인간을 키우는 것' 으로 정의한다. 식육기본법은 각 부처에서 개별적으로 실시해온 영양정책을 더욱 효과적으로 추진하기 위해 내각부, 후생노동성, 농림수산성, 문부과학성이 협력하여 수행하고자 하는 종합건강시책을 담고 있다는 점에서 주목할 만하다. 식육기본법을 바탕으로 식육추진법이 제정되었고, 이에 근거하여 학교에서 영양교사제도가 도입되었다. 학교급식에서의 식육을 실시하기 위하여 지방산물의 이용, 전통 및 향토 문화의 계승 등이

정책적으로 추진되고 있다(일본문부과학성, 2007).

일본에는 국립건강 · 영양연구소(National Institute of Health and Nutrition, NIHN)에서 어린이 영양정책을 포함한 국가 차원의 영양정책 및 프로그램에 대한 연구개발 및 평가를 하고 있다.

(2) 미국

'Healthy People 2010' 에는 미국 정부의 국민건강증진을 위한 2010년까지의 목표와 전략을 그 내용으로 담고 있다. 여기에는 28개의 중점영역이 명시되어 있는데, 이 중의 하나로 영양이 포함되어 있다. 영양영역에는 18개의 세부목표가 제시되어 있는데, 이 중 어린이를 그 주요 대상으로 포함하는 목표로는 '목표 3. 과체중 또는 비만 아동 및 청소년의 수 감소', '목표 4. 저소득층 영유아의 성장지연 감소', '목표 11. 청소년과 젊은 여성의 철 결핍증 감소', '목표 14. 양질의 학교급식을 제공받는 학생 수 증가' 가 있다(DHHS, 2000).

미국 연방정부에서 영양정책을 펼치는 주요 부처는 농무성(United States Department of Agriculture, USDA)과 보건후생성(United States Department of Health and Human Services, DHHS)이다. 농무성의 경우, 산하의 식품영양국(Food and Nutrition Service, FNS)에서 다양한 영양지원프로그램을 관장하고 있다. 어린이가 그 주요 수혜 대상이 되는 프로그램으로는 학교점심급식프로그램(National School Lunch Program), 학교아침급식프로그램(School Breakfast Program), 여름방학급식프로그램(Summer Food Service Program), 임산부 및 영유아 특별보충영양프로그램(Special Supplemental Nutrition Program for Women, Infants, and Children, WIC Program), 어린이 및 성인 급식프로그램(Child and Adult Care Food Program, CACFP) 등이 있다. 보건후생성의 경우, 산하의 식품의약품관리국(Food and Drug Administration, FDA), 질병관리센터(Centers for Disease Control and Prevention, CDC) 및 어린이과 가족관리국(Administration for Children and Families)이 영양정책 관련 업무를 부분적으로

수행한다. 식품의약품관리국은 하부조직으로 식품안전 및 응용영양센터(Center for Food Safety and Applied Nutrition)를 두고 있는데 이곳의 업무는 식품안전에 보다 중점을 두고 있다. 어린이와 가족관리국에서는 저소득층 어린이의 보육 프로그램인 Head Start 프로그램을 관리하는데, 이 프로그램에서 제공하는 서비스에 급식과 영양교육서비스가 포함되어 있다. 이렇듯 보건후생성도 부분적으로 영양정책업무를 관장하고 있으나 농무성과 비교했을 때 영양정책에 많은 비중을 둔 조직은 아니며, 특히 어린이 영양을 주 내용으로 하는 독립된 정책을 수행하고 있지는 않은 것으로 파악된다.

2. 통일 독일의 동서독 주민 건강 · 영양상태와 영양정책 변화

통일 전 동서독과 현재의 남북한이 가지고 있는 영양문제가 상이하고 영양문제를 둘러싼 환경 또한 크게 다르기 때문에 통일독일의 사례가 통일한국의 영양정책 수립에 얼마나 유용한 자료가 될지는 단언할 수 없다. 그러나 독일의 사례는 자본주의체제와 사회주의체제가 통합을 이룬 점에서, 미래의 통일한국의 영양문제를 전망하고 이에 대처하기 위한 영양정책의 기초 자료로서 의미가 있다.

1) 통일에 따른 동서독 주민의 건강상태 변화

통일 이후 동서독 주민의 건강상태 변화에 대한 선행연구들을 결과 중심으로 요약한 것을 표 5-1에 제시하였다. 통일 직후인 1992년의 자료와 이 후 5년 뒤인 1997년의 자료를 분석한 연구결과에 따르면(Nolte & McKee, 2004), 통일 직후 동독 주민의 47%, 서독 주민의 54%가 각각 본인의 건강이 양호하지 않다고 인식하고 있었으나, 이러한 비율은 통일 이후 시간이 지남에 따라 동서독 주민 모두에게서 증가하여 1997년에는 56%에 달하였

표 5-1 통일 후 동서독 주민의 건강상태 변화 관련 문헌 요약

저자 (출판년도)	제목 및 주요결과
Luschen 등(1996)	After unification: gender and subjective health status in East and West Germany 동서독 통일 후, 1992년에 동독과 서독 주민들을 성별에 따라 자신의 건강 상태를 평가하도록 한 결과, 동독 남성이 평가한 본인의 건강 상태가 가장 양호했으며, 그 뒤로 서독 여성, 서독 남성, 동독 여성의 순으로 나타났다. 즉 성별 간의 건강 상태의 차이가 동독지역에서 크게 나타났음.
Raum 등 (2001)	The impact of maternal education on intrauterine growth: a comparison of former West and East Germany 사회주의 국가에서는 사회적 계층에 따른 건강상의 불평등 현상이 자본주의 국가보다 심화되어 있음. 즉 구동독 주민의 경우, 임신부의 교육 수준이 낮을수록 미숙아를 낳을 확률이 구서독 주민보다 높았음.
Komlos & Kriwy (2003)	The Biological standard of living in the two Germanies 통일 전후 기간 동안 서독 주민의 신장은 지속적으로 동독 주민의 신장보다 큰 것으로 나타남. 동독 지역의 여성들 간의 신장의 차이는 상당히 심했는데 이것은 사회적 계층의 영향을 받는 것으로 보임. 통일 후, 동독의 남성들은 서독의 남성들의 신장을 따라잡는 경향이 있었으나 이러한 현상이 여성에게는 발견되지 않음.
Frye & Heinrich (2003)	Trends and predictors of overweight and obesity in East German children 통일 후 1990년대에 동독지역에서 과체중과 비만인 어린이의 비율이 급격히 증가함.
Nolte & McKee (2004)	Changing health inequalities in east and west Germany since unification 통일 직후 동독 주민의 47%, 서독 주민의 54%가 본인의 건강이 양호하지 않다고 인식하고 있었으나 이러한 비율은 시간이 지남에 따라 동서독 주민 모두에게서 증가하여 1997년에는 56%에 달함.
Voigt 등 (2004)	The relationship between maternal characteristics, birth weight and pre-term delivery: evidence from Germany at the end of the 20th century 통일 후 약 10년의 자료를 분석한 연구결과에서 동독지역에서 출생한 신생아의 체중이 서독지역에서 신생아의 체중 수준을 따라잡고 이후 보다 높은 수준까지 오른 것으로 나타남.
Du Prel 등(2005)	Changes in social inequality with respect to health-related living conditions of 6-year-old children in East Germany after re-unification 6세 어린이를 중심으로 살펴보았을 때 사회주의 체제 안에서 존재했던 동독 지역의 사회적 불평등은 통일 후까지도 계속 존재하고 있는 것으로 나타남. 상황에 따라서는 이러한 사회 격차가 통일 직후보다 10년 후인 2000년에 더욱 심화된 것으로 나타남.
Heineck (2006)	Height and weight in Germany, evidence from the German Socio-Economic Panel, 2002 동독과 서독 지역 남자 주민 간의 신장의 차이는 통일 10년 후에도 통일 바로 직후와 같은 수준으로 나타남. 단 동독 지역 여성의 경우, 통일 10년 후, 서독지역 여성들보다 신장 수준이 높아진 것으로 분석됨.

다. 또한 통일 직후에 동독과 서독 주민을 성별로 구분하여 건강 상태를 스스로 평가하도록 한 조사연구에 따르면(Lüschen et al., 1997), 동독 남성들이 평가한 자신의 건강 상태가 가장 양호하였고, 서독 여성과 남성이 그 다음 수준이었으며 동독 여성들이 가장 불량한 건강 상태를 보고한 것으로 나타났다. 이는 성별 간의 건강 상태의 격차가 서독에서보다 동독에서 현저하게 벌어져 있는 상태에서 통일이 이루어졌음을 시사한다.

통일 전 동독 주민의 키는 서독 주민에 비하여 작았던 것으로 조사되었고, 이러한 차이는 통일 이후에 좁혀진 것은 사실이나, 통일 후 10년이 지난 2002년의 자료를 분석한 연구결과에서도 이러한 신장 차이가 완전히 극복되지는 못한 것으로 드러났다(Heineck, 2006). 그러나 신생아의 체중을 동서독 간에 비교한 연구에서는 통일 후 약 10년 후의 자료를 분석한 결과, 동독지역에서 출생한 신생아의 체중이 서독지역 신생아의 체중 수준을 따라잡고 이후 보다 높은 수준에 이른 것으로 보고된 바 있다(Voigt et al., 2004). 이와 같은 결과는 통일과 함께 구동독 지역의 경제 수준이 올라가고 구동독 지역에도 다양한 식품이 풍부하게 공급됨에 따라 특히 여성의 건강 상태가 상당히 증진되었음을 시사한다. 그러나 또 다른 연구에서는 통일 후 동독의 남성들은 서독 남성들의 키를 따라잡는 경향이 있었으나 이러한 현상이 여성에서는 발견되지 않았다고 보고하여(Komlos & Kriwy, 2003), 남성에 비해 여성의 건강상태는 상대적으로 천천히 증진되고 있는 것으로도 볼 수 있다.

통일 전 동독에서는 계층 간의 격차가 심화되어 이러한 차이는 건강상의 격차로 표출되었고, 이러한 현상은 자본주의 국가보다 심각한 양상을 띠고 있음이 보고되었다. 이러한 사회적 격차는 통일 후까지 지속적으로 존재하고 있는 것으로 선행연구에서 나타난 바 있는데, 특히 어린이에 있어서 이러한 격차가 통일 후 더 심각해진 양상도 보고된 바 있다(Du Prel et al., 2005).

2) 통일에 따른 동서독 주민의 영양 상태 변화

통일에 따른 동서독 주민의 영양상태 변화에 대한 연구는 일반적인 건강 상태에 대한 연구보다 학계에 덜 보고되어 있었다. 검색된 주요 문헌을 표 5-2에 요약 정리하였다.

통일 후에도 동서독 주민 간의 식생활의 차이는 여전히 존재했으나 통일 전후에 사뭇 다른 양상을 보였던 것으로 보고된 바 있다(Winkler et al., 1998). 통일 전 서독 주민들은 식물성 지방을 많이 섭취하고 있었던 반면에 동독 주민들은 버터와 같은 동물성 지방을 주로 섭취하고 있었고, 통일 이후 동독 주민들도 마가린을 비롯한 식물성 지방을 버터 대용으로 많이 섭취한 것으로 보고되었다. 식품 섭취의 변화는 영양소 섭취의 변화로 연결되었는데 이러한 통일 독일 주민의 영양소 섭취의 변화가 건강에 미치는 영향에 대한 연구도 보고된 바 있다(Hirsch & Kempe, 1999). 또한 알코올 섭취에 따른 사망률의 경우, 통일 전 동독에서 서독보다 높은 수치로 나타났으나 통일 7년 후인 1997년의 자료를 분석한 결과에서도 여전히 동독에서의 이러한 수치가 서독보다 높게 나타나 적극적 차원에서의 보건영양정책의 필요성이 제기된 바 있다(Nolte et al., 2003).

3) 통일 독일의 영양정책 변화

2007년으로 통일 17년째를 맞이하는 독일의 영양정책이 통일과 함께 어떠한 변화를 거쳤는지를 다룬 국내문헌은 검색되지 않았고, 외국문헌의 경우도 영어권 문헌에서는 찾아지지 않았다. 그러나 차기 세계영양학회 회장이자 비엔나 대학 교수인 Dr. Elmadfa는 동독과 서독의 통일 후, 서독인들의 거만한("arrogant") 태도에 기인하여 식생활과 관련된 정책결정이 기타 분야와 마찬가지로 서독의 기존 체제에 동독을 흡수하는 방식으로 이루어졌음을 면담과정에서 확인하여 주었다(Elmadfa, 2007). 또한 독일의

표 5-2 통일 후 동서독 주민의 영양 상태 변화 관련 문헌 요약

저자 (출판년도)	제목 및 내용
Kohlmeier & Dortschy (1991)	Diet and disease in East and West Germany • 동서독 통일 직후, 국가 전체적인 차원에서의 식이 및 관련한 질병에 대한 고찰을 한 논문임. • 동서독 통일의 결과, 식이섭취의 변화를 한마디로 요약하면 동독인의 서독화임. 동독인들은 가능한 한 빨리 서독인들의 라이프스타일을 따라가고자 노력하고 있음. 단기적으로 보면, 실업의 증가, 구매력의 감소, 생활수준의 저하, 사회계층 간 차이의 증가 등이 결국 건강에 영향을 미칠 것으로 보임. 일정 시간 후 경제가 안정이 되면 새로운 시장이 열릴 것임. 식품의 선택 및 국가 전체 차원에서의 영양 상태에 경제가 가장 큰 역할을 할 것으로 전망됨. 이를 대비하는 영양교육이 필요함. 또한 현재의 시스템보다는 보다 체계적인 국가 차원의 영양 감시체계가 필요함.
Winkler 등 (1998)	Dietary intake of middle-age men from an East and West Germany city after the German Unification • 연구목적: 통일 후 동독과 서독 지역 중년남자의 식이섭취를 비교함. • 연구방법: 1991/92년에 시행된 동독지역 도시(City of Erfurt)의 식이조사와 1994/95년에 실시된 서독지역 도시(City of Augsburg)의 식이조사 결과를 비교 분석함. 식이조사 자료에서 185명의 동독거주 중년남성(45~64세)과 331명의 서독거주 중년남성의 자료를 동독도시와 서독도시에서 45세~64세의 중년남성의 자료만을 추출하여 분석함. • 주요결과: 탄수화물, 단백질, 지질의 비율로 판단할 때, 동독과 서독 모두에서 전형적인 서양식사의 패턴이 발견됨. 동물성 단백질, 콜레스테롤, 물 및 몇몇 미량영양소의 섭취는 동독보다 서독에서 매우 높게 나타났음. • 결론: 동서독 지역 간의 식이섭취의 차이는 여전히 존재하나, 차이의 양상은 통일 후 변화한 것으로 분석됨. 또한 이러한 동서독 지역 간의 식이섭취의 차이가 서독 지역 내에서의 지역 간 차이보다 큰지는 명확하지 않음.
Hirsch & Kempe (1999)	Consumption of omega-3 and omega-6 fatty acids in former East and West Germany and changes in East Germany after the reunification • 연구목적: 통일 후 동독지역에서 급격히 아토피성 질환이 증가함. 이에 통일 후 동독지역에서의 마가린 섭취 증가에 따른 오메가 6의 섭취 증가 또는 오메가 3의 섭취 감소가 이러한 질환의 증가와 관계가 있는지를 알고자 함. 이에 동독과 서독 지역 주민의 오메가 3 지방산과 오메가 6 지방산의 섭취를 비교하고, 통일 후 동독지역에서 이러한 영양소의 섭취가 어떻게 변화하였는지 분석. • 연구방법: 1985-89년의 서독 식이섭취자료와 1998-99년과 1990-91년의 동독지역 식이섭취자료를 이용. • 주요결과: 1990년 이전의 경우, 서독지역 주민의 오메가 6 지방산 섭취는 동독주민보다 약간 높았음. 이는 서독주민들이 동독주민보다 식물성 지방을 많이 섭취하

표 5-2 계속

저자 (출판년도)	제목 및 내용
Hirsch & Kempe (1999)	고 있었기 때문이었음. 1990년 직후, 동독지역에서도 오메가 6 지방산의 섭취가 증가하기 시작했는데 이는 마가린의 섭취 증가 때문인 것으로 보임. 동독지역의 분유는 서독지역의 분유보다 상대적으로 많은 양의 오메가 6 지방산과 상대적으로 적은 양의 오메가 3 지방산을 포함하고 있음. • 결론: 동독지역의 주민들에 있어서 통일 후 오메가 6의 섭취가 증가하는 것은 사실이고, 동독지역의 분유에서 오메가 6의 함량이 서독의 분유에서보다 높게 나온 것은 사실이나 이러한 사실이 동독지역의 아토피성 질환 증가와 인과관계가 있는지를 증명하지는 못함.
Nolte 등 (2003)	Trends in mortality attributable to current alcohol consumption in East and West Germany • 연구목적: 동독과 서독 지역에서 술 섭취에 기인한 사망률을 정량화하고자 함. • 연구방법: 1990/92년과 1998년의 동독과 서독 지역에서의 술 섭취분포의 자료 및 1992년과 1997년의 사망률 자료 등을 분석함. • 주요결과: 1997년에 술은 동독지역 남성의 사망원인의 9%를 차지하는 반면에 서독에서는 5.6%를 차지하고 있었음. 여성의 경우, 동독지역에서 2.5%, 서독지역에서 2.2%의 사망이 술에 기인한 것으로 분석됨. 서독남성의 술 섭취에 기인한 사망률이 통일 후 증가한 것은 사실이나 아직도 동독에는 미치지 않는 낮은 숫자임. 동독 여성들의 술에 기인한 사망률은 서독 여성들보다 낮았음. • 결론: 동서독 간의 건강의 차이를 감소시키기 위한 방법의 하나로 술에 대한 포괄적인 정책적 접근이 필요한 시기임.

보건영양학자와의 서면면담에서도 이같은 사실은 재확인된 바 있다. 이는 독일의 통일은 서독의 모든 제도가 그대로 동독에 이전되는 방식으로 이루어져, 정치, 경제, 사법, 행정 등 제 분야에 걸쳐 서독의 엘리트가 통일 독일 전체를 지배하는 결과를 초래하였던 것(이영란, 2005)과 맥락을 같이한다.

Elmadfa 회장은 이러한 식생활 관련 사례 중의 하나로 동독에 존재하던 학교급식제도가 통일과 함께 전면 없어진 것을 예로 들었다. 이와 함께 동독에서는 제도적으로 의무화되어 있던 소금과 동물사료에 대한 요오드 강화가 통일과 함께 폐지됨으로써, 기존 동독 주민의 요오드 결핍이 영양학적 문제로 대두되기 시작했다고 언급했다. 이러한 독일의 통일 후 요오드 강화제도 폐지와 이의 부정적인 영향에 대한 내용은 학술적으로도 보고되어 있고(Gruters et al., 1995; Willgerodt et al., 1997), 이후 최근까지도 요오드 결핍은 국가의 주요 영양 감시체계의 지표로 보고되고 있다(Thamm & Ellert, 2006).

구동독의 경우, 'Central Institute of Nutrition'이라는 국립영양연구소가 있었다. 그러나 구서독에는 이러한 단일화된 영양연구소는 없었고, 대학, 병원, 농업관련조직, 연방연구관 등의 다양한 기관에서 영양연구가 진행되었었다. 통일 이후, National Science Council은 구동독의 모든 연구기관을 평가했는데, 그 결과 Central Institute of Nutrition을 통일 독일의 국가연구소로 유지하기로 결정되었고 이에 1992년 1월 German Institute of Human Nutrition이 공식적으로 탄생하였다(Barth, 1994). 이후 German Institute of Human Nutrition은 통일 독일의 영양정책 개발의 기초가 되는 영양 분야의 기초 및 응용 연구를 수행하는 영양연구소로서의 역할을 해오고 있다.

통일 독일의 영양문제와 영양정책에 대하여 서면을 이용하여 면접한 결과를 요약하여 표 5-3에 제시하였다.

표 5-3 독일영양학자와의 서면 면접 내용 요약 [1)]

질문 1: 통일 전 독일에서 통일을 대비한 영양정책분야의 준비에는 어떤 것이 있었는가?
답변: 독일의 통일은 갑자기 빠른 속도로 이루어졌기 때문에 영양정책뿐만 아니라 모든 분야에서 통일을 준비할 시간은 없었다. 동독의 경제변화와 이에 따른 독일의 재통일은 계획 없이, 자발적으로 이루어졌다. 또한 통일 후 독일은 통일 전 독일의 경제력이 상당히 과대평가되었음을 깨닫게 되었다. 그러나 통일 전 서독의 막강한 경제력은 통일 후 동독의 경제가 재생될 수 있도록 지원할 만큼 충분했었다고 본다.
질문 2: 통일 후 독일에 나타난 새로운 영양문제에는 어떠한 것이 있는가?
답변: 영양적 질이나 영양 관련 질병에 관련하여서는 특별히 그리 큰 문제는 나타나지 않았다.

표 5-3 계속

질문 3: 통일 후 독일의 영양 상태나 영양정책에는 어떤 변화가 있었는가?

답변:
-영양 상태에 관련하여-
통일 후 상당시간이 지난 지금에도, 동독인과 서독인의 식행동에는 여전히 차이가 존재한다. 그러나 이러한 차이는 동독이 서독보다 더 또는 덜 양호한 식사 패턴을 가지고 있다거나 하는 식의 차이가 아니라 그냥 '다름'의 차이이다. 예를 들어 동독인은 서독인보다 빵, 과일, 생선, 육류를 더 많이 섭취하는 경향이 있고, 이에 따라 비타민 A, D, B_{12}의 섭취가 높다. 반면 동독인은 서독인보다 곡류나 면류, 과자류, 채소류를 덜 섭취하며 이에 따라 비타민 E, 식이섬유, 마그네슘, 칼슘의 섭취가 낮게 나타나는 경향이 있다.
통일 후 동독지역에서는 가공되지 않는 식품과 우유의 소비가 증가하고, 반면 통조림 식품의 소비는 감소하였다.
영양 상태에 대한 직접적인 지표는 아니지만 평균수명의 경우, 통일 이후 동서독의 격차가 많이 줄어들어 현재는 거의 같아진 것으로 보고되었다.
-영양정책에 관련하여-
통일 후 독일에서는 서독의 정치체계가 동독지역에 그대로 적용되었다. 이는 건강 및 영양 분야에서도 예외는 아니었다. 이 때문에 일부에서는 서독의 모든 체계가 아무런 비판 없이 동독에 그대로 적용된 것을 비판적인 시각으로 보기도 한다.
영양정책관련 기관이나 조직도 재정비되었는데 베를린 근처에 있는 "German Institute of Human Nutrition(DIfE)"(http://www.dife.de)도 통일과 함께 재정비되었다.
영양정책에 관련한 특별히 다른 이슈는 찾기 어렵지만 한 가지 예로 동독에서 의무화되어 있던 소금의 요오드 강화정책이 통일과 함께 중지되었던 것을 들 수 있다.

질문 4: 독일의 통일 전후의 영양 분야의 이슈에 관하여 첨언하고 싶은 것이 있는가?

답변: 통일 전 동독에는 영양결핍의 문제는 없었다. 단지 다양한 식품이 공급되지 않아 식품 선택의 폭이 좁았던 것은 사실이다. 예를 들어 과일이나 과자는 귀한 편이었고 서양식의 패스트푸드는 전혀 소개되어 있지 않았다. 통일이 됨에 따라 동독지역에서의 식품 선택의 폭이 현격히 넓어졌다. 그런데 흥미롭게도 최근에는 옛 동독의 몇몇 식품이 인기를 끄는 현상도 일어나고 있다.

질문 5: 영양정책 분야에서 남한이 한반도 통일을 대비해 어떠한 준비를 해야 한다고 조언하고 싶은가?

답변: 통일한국의 영양 상태 및 문제는 통일독일과는 상당히 다를 것이다. 독일의 재통일 전 동독이 경제적으로 어려웠던 것은 사실이나 앞에서도 언급했듯이 영양결핍의 문제가 있지는 않았다. 반면 현재 북한의 경제는 심각하게 어려워 수천 명의 주민, 특히 어린이들이 영양결핍으로 고통받고 있다. 독일의 영양학자로 한국의 영양정책에 대한 조언을 하기는 어려운 것 같다. 특히 어떠한 정책들이 가능한지를 알 수가 없기에 이러한 조언은 더욱 힘들다. 그러나 한 가지 중요한 사실은 종국에는 남한이 북한의 짐을 함께 져야 할 것이라는 것이다. 또한 북한이 가지고 있는 영양문제는 남한과는 매우 다를 것임은 확실하다. 이러한 다름이 고려되는 것이 중요하다고 생각한다.

주: 1) 독일 소재 대학 University of Munich의 보건영양학자가 본 연구진의 개방형 설문지에 답한 내용을 번역하여 요약한 것임.

제6장

통일 후 남북한 어린이의 **영양문제 전망**과 **대책**

1. 통일 후 어린이의 식생활 변화

1) 제한점과 모니터링의 필요성

어린이 영양문제를 정확히 파악하고 통일 이후의 영양 상태를 전망하기에는 북한당국 또는 국제기구에서 조사된 식생활 및 영양 관련 자료가 극히 폐쇄된 북한사회에서 얻어진 것으로 자료에 대한 신뢰성이 매우 취약하여 제약이 많다. 특히 북한 주민의 식생활 및 식품실태조사를 통한 어린이의 식생활 실태에 대해 보고된 내용은 충분치 않으며 전반적인 식량수급 실태와 영양조사를 통해 확인된 가구 내 식량 사정을 통해 추정할 수밖에 없었다.

북한의 전국 규모의 어린이 영양조사는 1998년 시행된 MICS I이 처음이며, 이후 2년마다 어린이 영양조사를 수행하고 있다. 그러나 2000년과 2006년에는 북한이 국제기구의 기술지원을 거부하고 독자적으로 수행했으며 2006년도 조사는 아직 정식보고서가 제출되지 않은 상태다. 본 연구에서 수집된 자료들 대부분이 원 데이터보다는 가공된 데이터이기 때문에 북한 주민과 어린이의 식생활과 영양실태를 파악하기에는 많은 제약점이 있다. 또한 한정된 측정지표와 분석 자료를 근거로 장래 어린이의 식생활

환경변화를 예측하기는 거의 불가능하다.

어린이와 같은 영양적으로 취약한 계층이나 취약지역을 중심으로 단기적으로는 지원, 장기적으로는 역량 강화를 위한 영양개선사업을 계획하거나 영양정책을 개발하고자 할 때, 가장 중요한 것은 지속적인 영양 상태 모니터링이다. 특히 영양 개선을 목표로 하는 사업이나 정책은 지속적이어야 하며, 정기적인 식생활 및 건강 영양조사 결과에 근거해야만 한다. 지금까지 북한에서 수행되고 있는 건강 영양조사는 매우 한정적인 지표를 이용하고 있고 비공개적이어서 사업계획을 위한 자료로서 매우 부족하다. 국제기구가 수행하고 있는 영양사업도 북한의 상황을 반영한 맞춤형 사업이라기보다는 사업대상지역에 공통적으로 적용되는 일반적인 접근방법이어서 구체적인 영양문제와 식생활 실태에 대한 자료로 충분치 못하다. 이러한 취약한 상황에서 이루어지는 영양지원사업이라 할지라도 사업내용 및 수행결과에 대한 지속적인 모니터링과 평가결과를 분석할 필요성이 강조되어야 한다.

2) 식생활 환경 및 영양소 섭취 상황 변화 전망

현재 북한 어린이의 성장발달 지연과 영양불량은 심각한 상태며, 국제기구 및 남한의 원조가 절대적으로 필요한 실정이다. 그러나 북한 당국에 어린이영양관리연구소가 설치되어 있고, UNICEF를 비롯한 국제기구의 활동 및 남한 정부의 대북지원사업의 일부가 어린이 영양 상태 개선에 초점을 맞추고 있는 점을 고려할 때, 어린이 영양 상태는 점진적으로 개선될 것으로 전망된다.

한편 남한 어린이의 평균적 영양소섭취량과 영양 상태는 대체로 양호한 편이나, 영양결핍에 따른 저체중과 영양 과잉에 따른 비만과 만성질환 위험요소의 증가와 같은 영양 상태의 양극화 현상이 현저하다. 앞으로 영양과잉 문제와 비만, 만성질환의 위험요소의 증가뿐 아니라 편식, 결식, 영양방임 등 다양한 식행동 문제가 제기될 것이다.

이와 같은 남북한 어린이의 전혀 다른 영양문제와 정책은 민족적 갈등을 야기할 가능성이 크므로 통일에 앞서 남북한의 격차를 최소한으로 줄이기 위한 노력이 반드시 필요하다. 이를 위해서는 물론 북한 당국의 개방과 협조가 선행되어야 하며, 남한의 시행기관과 북한의 어린이영양관리연구소와의 연계방안도 대안이 될 수 있을 것이다. 현재 남한에서 실시되고 있는 '국민건강 · 영양조사' 도 상당히 확대 개편될 전망임을 고려할 때, 통일 후 동일한 측정지표를 이용할 수 있도록, 통일에 앞서 북한 어린이에게 적용 가능한 측정지표를 개발하여 시행할 필요성이 제기된다.

2. 통일 후 어린이 영양정책의 수립 방향

통일 후 어린이 영양정책 수립 방향은 통일의 형태에 따라 여러 가지로 달라져야 할 것이지만, 현재의 상황을 고려하여 단기적 전략과 중, 장기적 전략에 대하여 제안하고자 한다.

1) 단기적 전략

(1) 남북한 신뢰관계 및 인적 네트워크 구축

현재 북한의 식생활 및 영양 문제를 국가, 기관, 지원기관, 연구자, 개인 등의 차원에서 공적으로 조사, 평가, 협의할 수 있는 여건이 마련되어 있지 않은 실정이다. 대북 영양보건사업을 수행하고 있는 국제기구와 남한의 NGO가 유일한 창구 역할을 하고 있다.

특히 영양지원 또는 개선사업을 담당하고 있는 정부기관이나 사업단체에 영양전문가의 관여는 매우 미흡하다. 정부, 국내외 대북 영양사업 관련 단체, 북한 어린이 영양관리영양소, 국내외 영양전문가 등의 긴밀한 협조체제의 구축이 필요하며, 이를 통해 신뢰관계를 돈독히 하는 것은 매우 중요하다.

(2) 정부 주도의 영양지원사업 추진

현재 대북영양 · 보건사업을 활발하게 수행하고 있는 민간단체들은 각기 다양한 자원과 정책을 가지고 성과 중심의 사업을 인도적 차원에서 펼치고 있다. 그러나 이들 민간단체들의 지원사업을 조율하고, 정보를 공유하며, 효과적인 지원정책을 마련하기 위해서는 정부 주도 사업으로 전환할 필요가 있다고 본다. 정부가 주도할 때, 보다 종합적이고 체계적인 지원계획과 영양학적 증거에 근거한(evidence-based) 영양지원사업이 가능하며, 여러 가지 사업들이 장기적인 정책을 고려한 틀 안에서 조정될 수 있을 것이다. 또 국제기구들의 인도적 차원에서의 영양지원사업들의 내용 파악이나 긴밀한 협력체제를 효과적으로 구축할 수 있을 것이다. 예를 들어 본 연구팀이 주관한 '대북영양 · 보건사업의 오늘과 내일' 이라는 주제의 심포지엄에서 국제 및 국내 영양지원단체 간의 정보교류와 경험의 공유 및 효율적인 사업 조정 관리에 대한 요구도가 대단히 높다는 것을 확인하였다.

(3) 영양지원사업의 모니터링 체계 구축

국내 및 국제적으로 수행되고 있는 대북 영양지원사업의 효과를 평가하고 모니터링할 수 있는 체계를 시급히 구축해야 한다.

(4) 사업의 선택과 집중

단기적인 사업내용에 있어서는 선택과 집중을 원칙으로 해야 할 것이다. 즉 식량부족 상황에 가장 민감한 집단은 어린이, 임산부, 노인, 환자들이다. 이러한 점에서 어린이, 임산부, 노인, 자력생산과 구매력이 없는 도시 근로자와 식량수급이 좋지 못한 동북 산간지방 거주자들을 사업 우선순위에 두고 있는 국제기구의 지원원칙은 큰 의미가 있다고 본다.

2) 중 · 장기적 전략

(1) 남한 정부에 영양정책 전담기구 설치

통일을 대비하여 남한정부에 영양전담기구를 설치하여 식품 및 영양정책의 내실을 기해, 대상별 영양문제를 정확히 파악하고, 적절한 영양정책을 개발, 적용, 평가하는 과정을 충실히 수행해야 한다. 즉 어린이의 좋은 영양상태와 건강을 위한 영양정책을 세우고 구체적으로 추진하기 위해서는 영양정책 전담기구를 설립하고 활성화할 필요성이 제기된다. 우리나라에서는 보건복지부, 식품의약품안전청, 교육인적자원부, 여성가족부, 시 · 도 · 지역 교육청, 지방자치단체, 정부출연기관 등 여러 기관에서 여러 가지 관련 법령에 따라 다양한 영양관련 업무를 관장하고 있으며, 북한 주민의 영양문제에 대해서는 통일부도 관여하고 있다. 이와 같이 단일화된 전담기구의 부재는 영양정책의 중복과 비효율성을 피할 길이 없다. 즉 각 부처에 산재되어 있는 국민영양증진 및 관련 업무를 전담할 수 있는 단일화된 전문기구를 설립하고, 그 안에 북한 주민의 영양문제를 다루는 부서를 설치함으로써 북한당국의 직접적인 교류와 협의체로서 역할이 가능할 것이다. 최근 발의되어 있는 '국민영양기본법' 이 제정되면 법에 근거한 국민영양전담기구의 설립이 가능해질 것이며, 북한 주민의 영양문제를 다루는 부서를 설치할 수 있을 것이다. 영양전담기관에는 영양 전문 인력이 반드시 포함되어야 한다.

(2) 지속적인 북한 어린이 영양개선사업 지원

북한 어린이 영양개선사업 지원은 지속성을 가지고 추진해야 한다. 성장기의 영양 상태는 일생 동안 영향을 미치기 때문에 좋은 영양을 위한 적극적인 지원책을 마련하여야 하며, 지속성을 유지하는 것이 중요하다. 저개발국의 성공적인 영양정책이나 국내 저소득층의 생계보장사업 등을 면밀히 분석하여 정책을 개발하고 적용해 가는 것이 필요하다.

(3) 각종 영양정책 및 관련 사업의 대상에 북한 주민 포함

국내에서 이루어지고 있는 각종 영양정책 및 관련 사업의 대상에 북한 주민을 포함시킴으로써 통일 후 동일한 영양정책을 수립하는 데 도움이 될 것이다. 즉 국민건강영양조사, 영양개선사업, 영양지원사업 등 영양관련 사업에 북한 주민의 영양 개선에 일조할 수 있는 사업을 일부 포함시켜 통일 전에 식생활 및 영양적 격차를 최소화하도록 노력하여야 한다.

(4) 북한의 식량 확보 관련 사업 개발과 자체 역량 강화

북한 어린이의 영양상태 개선을 위해 정치상황 변화에 관계없이 북한의 식량 확보와 관련된 개발과 자체역량 강화를 위해 우리 정부가 적극적인 지원책을 마련하여 남한 어린이와의 영양적 격차를 최소화하는 데 노력을 기울여야 할 것이다. 북한에서의 식량정책의 패러다임 변화는 상당히 급속하게 이루어질 전망이므로 식량 및 영양 정책은 인도적 지원 차원에서 경제적 개발 차원으로의 전환과 협력체제가 필요하다.

(5) 통일 후 남북한의 통합된 국민건강영양 증진 정책 수립

통일 이후 남북한의 영양정책은 국가적 과제라는 새로운 틀 안에서 작성되어야 할 것이며, 이를 위해서는 통일 전에 남북한 주민의 식생활 및 영양 상태의 격차를 최소화하는 것이 선결되어야 할 과제다. 흡수통일 형태를 띤 통일독일의 경우, 식생활 관련정책에서 서독의 정책이 주도함으로써 동독 주민의 식생활에 큰 변화와 함께 상당한 부정적 영향을 초래하였다. 따라서 남한 또는 북한의 어느 한쪽의 정책이나 혼합 정책이 통일한국에서 그대로 적용될 수 없으며, 성공을 보장할 수 없을 것이다.

제7장

맺음말

현재 어린이들을 포함한 북한 주민을 대상으로 식생활과 영양상태의 정확한 진단, 평가는 거의 불가능하며, 북한 당국 또는 국제기구의 제한된 북한 영양조사보고서 및 우리나라의 관련기관에서 제출한 몇몇 자료에 의거하여 분석, 추정한 결과로 북한 어린이의 식생활과 영양실태를 파악하는 데 많은 제약점이 있었다.

절대빈곤과 식량 부족으로 인한 성장지연과 미량영양소의 결핍에 따라 북한 어린이들의 영양불량 상태는 상당히 심각한 것으로 평가되었다. 한편 남한 어린이들은 대체로 양호한 영양상태이나, 영양과잉에 따른 비만, 만성질환 위험요소 증가, 식행동 문제 등이 제기되었다. 이러한 남북한 어린이들의 식생활환경과 영양상태, 영양관련 건강문제 등에 있어서 큰 차이는 통일한국 국민의 삶의 질의 격차로 인한 갈등과 문제로 그대로 남게 되므로 통일 전에 반드시 좁혀야 할 선결과제다. 개인의 영양과 건강문제의 해결을 위해서는 개인과 가정의 노력도 중요하지만, 국가와 지역사회의 협력지원체계가 더욱 주효하다.

북한 당국의 어린이 영양개선을 위한 사업의 전담기관으로는 어린이 영양관리연구소가 설립되어 있으나 그 역할에 대해서는 거의 정보를 얻을 수 없었다. 우리나라에서는 영양행정과 어린이 영양관련 업무를 여러 부처에서 각기 목표에 따라 담당하고 있다. 우리나라 국민의 영양, 건강증진을 위하여 영양정책을 결정하고 추진할 수 있는 영양전담기구의 설립이 가장 시급하며, 이 기구 내에 북한 주민의 영양개선 및 증진 담당 부서를 설치함으로써 정부 차원에서 남북한 협력과 지원체계를 구축할 수 있을 것이다.

현재 민간단체를 통한 대북영양 · 보건사업은 정부 주도 사업으로 전환되어야 할 것이며, 이들 민간단체의 영양지원사업의 내용과 방법의 조정이 필요하다. 단기적으로는 선택과 집중의 전략에 따라 영양취약군인 어린이 영양 상태 개선을 우선적 목표로 하며, 장기적으로는 통일을 대비하는 정책이 마련되어야 한다. 현재로서는 가능한 대로 우리나라의 국민건강 · 영양조사, 국민건강증진계획, 영양정책, 영양개선사업, 영양지원사업 등 각종 영양관련 사업에 북한 주민의 건강 영양 증진에 일조할 수 있는 사업을 일부 포함시켜 지속적으로 북한 어린이의 영양 상태에 대한 모니터링 체계를 구축함으로써 통일한국을 대비한 남북의 통합된 한 틀 안에서의 국민건강 · 영양 증진 정책이 수립될 수 있을 것이다. 국민영양개선 및 증진사업은 모든 국민의 삶의 질(quality of life) 향상을 목표로, 지속가능(sustainable)하고, 기회 균등(equality)한 정책에 기반을 두어야 하며, 보다 체계적(systematic)이고 통합 가능(integration)해야 한다.

참고문헌

강금지(2005), 「서울지역에 사는 유아의 식습관, 영양소 섭취와 영양소 질적 평가에 대한 연구」, 『대한지역사회영양학회지』, 10(4): 471–483.

강윤주 · 홍창호 · 홍영진(1997), 「서울시내 초 · 중 · 고 학생들의 최근 18년간 비만도 변화추이 및 비만아 증가 양상」, 『한국영양학회지』, 30(7): 832–839.

곽동경 · 이혜상 · 장미라 · 홍완수 · 윤계순 · 류은순 · 김은경 · 최은희 · 이경은(1996), 「보육시설 급식소의 운영현황 및 급식실태 조사」, 『한국식생활문화학회지』, 11(2): 243–253.

교육인적자원부(2003), 「2003 빈곤가정 학생 중식지원 현황」.

교육인적자원부(2005), 「2003–2005 시도별 · 학급별 · 저소득층 자녀 중식지원 현황」.

구복자 · 이경애(2000), 「초등학생의 영양교육을 위한 식습관 및 영양지식 조사」, 『한국식생활문화학회지』, 15(3): 201–213.

권태진(2007a), 「2007년 북한농업전망과 협력과제」, 『KREI 북한농업동향』, 8(4): 1–16.

권태진(2007b), 「북 · 중 농림수산물 교역 동향과 시사점」, 『KREI 북한농업동향』, 9(2): 3–12.

김경미 · 이심열(2000), 「인천지역 초등학생의 영양지식 및 식생활 행동에 관한 연구」, 『대한영양사회학술지』, 6(2): 97–107.

김경희 · 최혜경 · 손종도 · 이광문 · 장춘용 · 조일(2007), 「민간단체의 대북영양 및 보건사업」, 서울대학교 생활과학연구소 공개심포지엄 자료집 『대북 영양보건사업의 오늘과 내일』, 서울대학교 생활과학연구소.

김대병 · 박혜경 · 박건상 · 장재희 · 이혜영 · 구용의 · 최윤주 · 김보영 · 권우정 · 정해랑 · 장영애 · 조양희 · 이현정(2001), 「영양표시제도 정착화사업(Ⅲ)–영양표시제도 개선방안 연구」, 식품의약품안전청연구보고서 5: 341–353.

김민숙(2000), 「결식아동을 위한 사랑의 도시락 사업」, 결식아동의 사회복지대책 워크숍.

김복희 · 김초일 · 계승희 · 이행신(2004), 「한국영양행동계획 수용을 위한 국가적 전략 개발」, 한국보건산업진흥원 연구보고서.
김봉생 · 이경애(2005), 「정상체중아와 비만아의 1일 활동내용, 활동량 및 에너지 소비량 비교」, 『한국영양학회지』, 38(10): 847-855.
김수암 · 이금순 · 임순희(2007), 『북한인권백서 2007』, 통일연구원.
김은경 · 문현경(2001), 「서울시내 일부 초등학교 6학년생들의 체격에 따른 성장변화, 생활습관, 식이섭취상태에 관한 비교연구」, 『대한지역사회영양학회지』, 6(3S): 475-485.
김은경 · 최정희 · 김미경(1998), 「초등학교 아동의 혈청 지질상태 및 지방 섭취에 관한 연구」, 『한국영양학회지』, 31(2): 166-178.
김초일 · 이윤나 · 이행신 · 장영애 · 이근찬 · 김복희 · 박혜련(2005), 「취약계층을 위한 국가영양지원제도 도입연구-WIC 프로그램을 벤치마킹」, 한국보건산업진흥원 정책보고서.
김초일 · 이윤나 · 장영애 · 이행신 · 이해정 · 문재진 · 조아라(2006), 「임산부 및 영유아 영양보충관리 시범사업추진단운영」, 한국보건산업진흥원 정책보고서.
김충환(2007), 「대북영양지원 사업의 현황」, 『대한임상영양의학회지』, 5(1): 30-32.
김혜련 · 서문희 · 이경신 · 김일옥 · Katrin Kreisel(2003), 「보육시설의 영유아 건강 및 영양관리에 관한 연구」, 한국보건사회연구원 연구보고서.
대북협력민간단체협의회 · 대북지원민관정책협의회(2005), 『대북지원 10년 백서』.
대통령자문 지속가능발전위원회(2007), 어린이 건강대책 보도자료.
대한지역사회영양학회 추계 학술대회 자료집(2006), 『어린이 영양과 식품 안전, 어떻게 지킬 것인가』.
문화관광부(2004), 『2004년도 국민체력실태조사 결과』.
박미아 · 문현경 · 이규한(1998), 「초등학생의 과체중 관련요인에 관한 연구」, 『대한영양사협회학술지』, 4(2): 145-151.
박성연(2000), 「영양불량이 아동의 행동에 미치는 영향: 사회 정서적인 행동을 중심으로」, 임길진 · 장남수 편, 『북한의 식량문제 실태와 대책』, 한울아카데미.
박순영 · 곽금주 · 김혜란(2007), 「남한거주 탈북어린이 · 청소년의 신체성장, 신체발달, 그리고 복지서비스 욕구에 관한 연구」, 서울대학교 통일연구소 2007 통일학 기초연구 학술 심포지엄 자료집 『통일연구의 사회통합적 접근』, 서울대학교 통일연구소.

박신인 · 배소연(1999), 「서울지역 초등학생들의 가정과 학교에서의 우유섭취 실태 연구」, 『한국식생활문화학회지』, 14(4): 361-369.

배은주 · 권진희 · 윤희정 · 이성국(2001), 「일부 초등학교 결식학생의 영양실태」, 『내한영양사협회 학술시』, 7(4): 349-360.

법률출판사(2004), 『조선민주주의 인민공화국 법전(대중용)』.

법률출판사(2006), 『조선민주주의 인민공화국 법전(대중용) 증보판』.

보건복지부(2005), 「방학 중 급식전달체계의 문제점과 대책」, 『2004 보건복지백서』.

보건복지부(2006), 「아동급식 지원현황」, 『2005 보건복지백서』.

(사)대한영양사협회 · 보건복지부(2007), 효과적인 국가 영양정책 수립을 위한 제2차 전문가 포럼 자료집.

손숙미(2007), 「학교급식 만족도 향상 방안」, 『학교급식 연수회 발표 자료집』, 교육인적자원부.

식품의약품안전청(2006), 어린이 먹거리 건강 · 안전 중기 로드맵 마련을 위한 공청회자료집.

심재은(2007), 「대북영양지원사업의 현황과 과제」, 서울대학교 생활과학연구소 공개 심포지엄 자료집 『대북 영양보건사업의 오늘과 내일』.

심재은 · 윤지현 · 정승연 · 박미나 · 이연숙(2007), 「남북한 영유아 및 가임기 여성의 영양상태 비교」, 『대한지역사회영양학회지』, 12(2): 123-132.

안미경(2001), 「ADHD-SC4를 통한 주의력결핍 과잉행동 아동 출현율 조사 연구」, 대구대학교 석사학위논문.

양일선(2005), 「방학 중 아동급식의 영양학적 진단 및 정책 대안」, 『보건복지포럼』, 101: 15-23.

여성부(2006), 보육통계.

육아정책개발센터(2006), 2004 전국 보육 · 교육 실태조사 자료 심층 분석보고서.

윤지현 · 이연숙 · 심재은 · 박미나(2007), 『북한 유아의 정상적인 성장발달을 위한 영양 및 급식관리 지원방안 모색』, 2005년도 통일학 연구과제 결과보고서, 서울대학교 통일연구소.

윤현숙(2006), 「자폐아 조기판별을 위한 한국부모의 인식시기」, 『자폐성 장애연구』, 6(1): 1-15.

윤혜정 · 한영희 · 현태선(2007), 「초등학교 급식의 유형(도시형/농촌형) 및 식단의 지방 에너지 비율에 따른 주요 영양소의 공급량 및 급원식품 평가」, 『대한지역사회영양학회지』, 12(1): 90-105.

이경희 · 박도영 · 이인영 · 홍주영 · 최병찬 · 배상수(2001), 「영등포구 보육시설의 급식 및 영양교육 실태조사」, 『대한영양사협회 학술지』, 7(2), 167-174.

이연숙 · 임현숙 · 안홍석 · 장남수(2006), 『생애주기영양학』, 교문사.

이영란(2005), 「통일 이후 동독지역 주민의 상대적 박탈감: 포커스인터뷰 분석을 중심으로」, 『한국사회학』, 39(1): 137-165.

이영미(1998), 「영유아 보육시설에서 영양관리 방안-실용적 영양관리 지침의 개발을 중심으로」, 『대한지역사회영양학회 영유아보육시설의 영양관리 시범사업워크숍』.

이정윤 · 조동숙(2006), 「성남지역 보육시설 유아의 식생활 행동 및 음식기호도」, 『한국식품영양학회』, 19(4): 482-495.

이주연(2000), 「치아건강과 식생활」, 『국민영양』, 220: 50-52.

이형하(2006), 「방학 중 결식아동 지원정책 분석과 개선방안 연구」, 『청소년복지연구』, 8(2): 159-176.

이혜상 · 모수미(1986), 「서울시내 변두리 저소득지역 유아원 어린이의 영양실태조사(하월곡동)」, 『대한가정학회지』, 24(2): 37-50.

일본문부과학성(2007), 식육의 추진에 대해, 문부과학성 홈페이지http://www.mext.go.jp/a_menu/sports/syokuiku/index.htm, 2007년 5월 1일 접근.

임경숙 · 이태영 · 김초일 · 최경숙 · 이정희 · 권순주 · 김미옥(2004), 「초등학교 급식의 영양관리 현황 및 개선 방안 연구」, 『대한영양사협회 학술지』, 10(2): 235-345.

임길진 · 장남수 편(2000), 『북한의 식량문제 실태와 대책』, 한울아카데미.

임순희 · 이금순 · 김수암 · 최의철(2006), 『북한인권백서 2006』, 통일연구원.

정기혜 · 김영래 · 윤시몬 · 김정선 · 전성은 · 김현아 · 신지원(2004), 「식품안전확보를 위한 국가적 차원의 영양분야 업무개발 및 추진방안 수립 연구」, 한국보건사회연구원 정책보고서.

정영진 · 이혜수 · 강길원 · 채범석(1974), 「일부 농촌지역 성장기 아동의 단백질 및 철분 영양상태에 관한 연구」, 『한국영양학회지』, 7(3): 147-164.

정혜경 · 강명화(2003), 「사회복지시설 아동에게 시리얼 보충이 철분영양상태에 미치는 영향」, 『한국식생활문화학회지』, 18(6): 575-583.

정혜경 · 박성숙 · 장문정(1995), 「급식과 비급식초등학교 아동의 식행동 및 설탕섭취실태 비교」, 『한국식생활문화학회지』, 10(2): 107-117.

조성수(2000), 「영양 성장 인지발달」, 임길진 · 장남수 편, 『북한의 식량문제 실태와 대책』, 한울아카데미.

중앙과학기술통보사(2006), 『과학의 세계』, 각호.

최미경 · 이승연(2005), 「모유 경험이 미취학 아동의 신체발달, 손목 골밀도 및 영양섭취에 미치는 영향」, 『대한지역사회영양학회지』, 10(1): 3-11.

최미자 · 정연수(2006), 「경주지역 유치원 아동들의 식습관과 영양소 섭취상태」, 『대한지역사회영양학회지』, 11(1): 3-13.

통일부 통일교육원(2001), 『북한이해』.

통일부 통일교육원(2006), 『북한이해』.

통일부 통일교육원(2007), 『북한이해』.

통일부(2006), 『통일백서』.

통일부(2007a), 『통일백서』.

통일부(2007b), 『남북협력기금지원신청서』.

하봉운(2007), 「지방자치단체 「학교급식 조례」 논쟁점 분석 연구」, 『교육법학연구』, 19(1): 187-209.

한국개발연구원(2007), 『KDI 북한경제리뷰』, 각 월호.

한국과학기술정보연구원(KISTI), 북한과학기술네트워크(NK테크, http://www.nktech.net).

한국농촌경제연구원(2007), 『KREI 북한농업동향』, 각 월호.

한국보건사회연구원 · 식품의약품안전청(2004), 「제4장 국가 영양관리의 세계적 동향」, 「제5장 외국의 국가 영양관리 현황」, 『식품안전확보를 위한 국가적 차원의 영양분야 업무개발 및 추진방안 [정책보고서 2004-36]』.

한국보건산업진흥원(1999), 1998 국민건강 · 영양조사 영양부문 결과보고서.

한국보건산업진흥원(2002), 2001 국민건강 · 영양조사 영양부문 결과보고서.

한국보건산업진흥원(2006a), 2005 국민건강 · 영양조사 영양부문 결과보고서.

한국보건산업진흥원(2006b), 2005 국민건강 · 영양조사 건강부문 결과보고서.

한국영양학회(2005), 『한국인 영양섭취기준』.

한승훈(2002), 「1990년대 북한의 식량배급상황」, 『KDI북한경제리뷰』. 2002년 4월: 9-37.

황나미(2007), 「대북보건의료사업의 현황과 과제」, 서울대학교 생활과학연구소 공개심포지엄 자료집 『대북 영양보건사업의 오늘과 내일』, 서울대학교 생활과학연구소.

Barker, D. J. P., & Godfrey, K. M. (2004), "Maternal nutrition, fetal programming and adult chronic disease," In M. J. Gibney, B. M. Margetts, J. M. Kearney, & L. Arab (Eds.), *Public Health Nutrition*, Blackwell Science.

Barth, C. (1994), "The German Institute of Human Nutrition," *BNF Nutrition Bulletin*, 19: 199-201.

Department of Health & Human Service(DHHS) (2007), *Health People 2010*, Available at http://www.hhs.gov/, Accessed on 19-11-2007.

Dibley, M. J., & Do, T. T. (2005), *DPRK 2004 Nutrition Assessment Report of Additional Survey Results.*

DPRK Central Bureau of Statistics (DPRK CBS) (2000), *Report of the Second Multiple Indicator Cluster Survey 2000, DPRK*, Available at http://www.childinfo.org/MICS2/newreports/dprk/dprk.pdf, Accessed on July 2007.

DPRK Central Bureau of Statistics (DPRK CBS) (2002), *Report on the DPRK Nutrition*

Assessment, Available at http://www. unicef.org/dprk/nutrition_assessment.pdf, Accessed on July 2007.

DPRK Central Bureau of Statistics & Institute of Child Nutrition(DPRK CBS & ICN) (2005), *DPRK 2004 Nutrition Assessment-Report of Survey Results*, Available at http://www.unicef.org/dprk/dprk_national_nutrition_assessment_2004_final_report_07_03_05.pdf, Accessed on July 2007.

Drewnowski, A. (2000), "Nutrition transition and global dietary trends," *Nutrition*, 16(7/8): 486-487.

Du Prel, X., Krömer, U., & Ranft, U. (2005), "Changes in social inequality with respect to health-related living conditions of 6-year-old children in East Germany after re-unification," *BMC public health*, 5: 64-75.

Elmadfa, I. (2007), Personal communication at Seoul on 09-08-2007.

EU, UNICEF, & WFP (1998), *Nutrition Survey of the Democratic People's Republic of Korea*, Available at http://www.humanitarianinfo.org/ DPRK/ assessments/ others/Health%20and%20Nutrition/Report_on_the_DPRK_Nutrition_Assessment_1998.pdf, Accessed on July 2007.

FAO (2006), *Democratic People's Republic of Korea Agricultural Rehabilitation Programme 2007.*

FAO, & WFP (2000), *FAO/WFP Crop and Food Supply Assessment Mission to DPRK, 2000.*

FAO, & WFP (2002), *FAO/WFP Crop and Food Supply Assessment Mission to DPRK, 2002.*

FAO, & WFP (2004), *FAO/WFP Crop and Food Supply Assessment Mission to DPRK, 2004.*

Frye, C., & Heinrich, J. (2003), "Trends and predictors of overweight and obesity in East German children," *International Journal of Obesity*, 27: 963-969.

Gruters, A., Liesenklotter, K. P. & Willgerodt, H. (1995), "Persistence of difference in iodine status in newborns after the reunification of Berlin," *The New England*

Journal of Medicine, 333(23): 1429-1430.

Heineck, G. (2006), "Height and weight in Germany, evidence from the German Socio-Economic Panel, 2002," *Economics and Human Biology*, 4: 359-382.

Hirsch, T., & Kempe, G. (1999), "Consumption of omega-3 and omega-6 fatty acids in former east and west Germany and changes in east Germany after the reunification," *Respiratory Medicine*, 93: 213-216.

Hoffman, D. J., & Lee, S. K. (2004), "The prevalence of wasting, but not stunting, has improved in the Democratic People's Republic of Korea," *J. Nutr.*, 135: 452-456.

Kapil, U., & Bhavna, A. (2002), "Adverse effects of poor micronutrient status during childhood and adolescence," *Nutrition Reviews*, 60(S1): 84-90.

Katona-Apte, J., & Mokdad, A. (1998), "Malnutrition of children in the Democratic People's Republic of Korea," *Journal of Nutrition*, 128: 1315-1319.

Kohlmeier, L., & Dortschy, R. (1991), "Diet and disease in East and West Germany," *Proceedings of the Nutrition Society*, 50: 719-727.

Komlos, J., & Kriwy, P. (2003), "The biological standard of living in the two Germanies," *German Economic Review*, 4(4): 459-473.

Lüschen, G., Geling, O., Janben, C., Kunz, G., & Kneseßeck, O.V.D. (1997), "After unification: gender and subjective health status in East and West Germany," *Social Science & Medicine*, 44(9): 1313-1323.

Majeed, E. (2007), "A glance over nutrition status of children and women in the Democratic people's republic of Korea," 서울대학교 생활과학연구소 공개심포지엄 자료집 『대북 영양보건사업의 오늘과 내일』, 서울대학교 생활과학연구소.

Nolte, E., & McKee, M. (2004), "Changing health inequalities in the east and west Germany since unification," *Social Science & Medicine*, 58: 119-136.

Nolte, E., Britton, A., & McKee, M. (2003), "Trends in mortality attributable to current alcohol consumption in east and west Germany," *Social Science & Medicine*, 56: 1385-1395.

Office of the United Nations Resident Coordinator (2006), *Strategic Framework for Cooperation between the United Nations and the Government of the Democratic People's Republic of Korea.*

Pechoux, M. L. (2007), "Unicef Programme in DPR Korea," 서울대학교 생활과학연구소 공개심포지엄 자료집 『대북 영양보건사업의 오늘과 내일』, 서울대학교 생활과학연구소.

Thamm, M., & Ellert, U. (2006), "Thyroid volume and iodine supply in German," In Conference Proceedings: Symposium on the German Health Survey for Children and Adolescents. Berlin, German: the Robert Koch Institute.

The World Bank (2006), *Repositioning Nutrition as Central to Development.*

UN (2007), *The Millenium Development Goals Report 2007*, New York: UN.

UN Consolidated Appeals Process(UN CAP) (2003), *Democratic People's Republic of Korea 2004*, New York and Geneva: UN.

UN Development Group(UNDG) (2007), *2006 Resident Coordinator Annual Report.* Available at http://www.undg.org/rcar.cfm?fuseaction=N&ctylDC=DRK&P=490, Accessed on 09-08-2007.

UN Millennium Development Goals, Available at http://www.un.org/millenniumgoals/, Accessed on 17-10-2007.

UN Office for the Coordination of Humanitarian Affairs(OCHA) (2005), *OCHA Annual Report 2004*, New York: OCHA.

UN Office for Coordination of Humanitarian Affairs(OCHA) (2006), *OCHA Annual Report 2005*, New York: OCHA.

UN Office for Coordination of Humanitarian Affairs(OCHA) (2007), *OCHA Annual Report 2006*, New York: OCHA.

UN Sub-Committee on Nutrition(UN SCN) (1997), "Report on the nutrition situation in the Democratic people's republic of Korea," *Refugee Nutrition Information System(RNIS)*, 229(supplement).

UNICEF (2007), *UNICEF Humanitarian Action Report 2007.*

UNICEF DPRK (2003), *Analysis of the Situation of Children and Women in the Democratic People's Republic of Korea.*

UNICEF DPRK (2006), *Analysis of the Situation of Children and Women in the Democratic People's Republic of Korea.*

UNICEF Pyongyang (1998), *Report on the Multiple Indicator Cluster Survey in the Democratic People's Republic of Korea.*

Voigt, M., Heineck, G., & Hesse, V. (2004), "The relationship between maternal characteristics, birth weight and pre-term delivery: evidence from Germany at the end of the 20th century," *Economics and Human Biology*, 2: 265-280.

WFP (2006), "Protracted relief and recovery operation-DPRK 10488, projects for executive board approval," Executive board first regular session agenda item 8.

WFP (2007a), *World Food Programme Annual Report 2006.*

WFP (2007b), *Summary of the work of the first regular session of the executive board,* http://www.wfp.org/country_brief/indexcountry.asp? country=408.

WHO (1995), *Physical Status: The Use and Interpretation of Anthropometry*, Geneva: WHO.

WHO (1999), *Management of Severe Malnutrition: A Manual for Physicians and Other Senior Health Workers*, Geneva: WHO.

WHO (2003), *Diet, Nutrition and the Prevention of Chronic Diseases, Report of a WHO/FAO Expert Consultation, WHO Technical Report Series 916*, Geneva: WHO.

WHO (2004), *Democratic People's Republic of Korea*, Available at http://www.who.int/disasters/repo/15103.pdf.

WHO DPR Korea (2007), *Country profile 2007*, Available at http://www.dprk.searo.who.int/EN/Section11.htm.

WHO (2003), *Diet, Nutrition and the Prevention of Chronic Diseases, Report of a Joint WHO/FAO Expert Consultation, WHO Technical Report Series 916.*

Willgerodt, H., Keller, E., Perschke, C., & Stach, B. (1997), "The status of iodine nutrition in newborn infants, schoolchildren, adolescents and adults in former East Germany," *Experimental and Clinical Endocrinology and Diabetes*, 105(suppl 4): 38-42.

Winkler, G., Brasche, S., Doring, A., & Heinrich, J. (1998), "Dietary intake of middle-aged men from an East and a West German city after German reunification: do differences still exist?" *European Journal of Clinical Nutrition*, 52: 98-103.

요약

1. 연구 배경 및 목적

남북한의 식생활 환경과 영양 상태의 격차는 국가 경제력을 포함한 어떤 격차보다도 개인의 삶의 질에 더 큰 영향을 미칠 것이다. 즉 이는 통일 후 주요 보건 · 영양 문제로 발전할 가능성이 높으며, 이에 대한 대책 마련이 시급하다. 특히 남북한 어린이들이 미래 통일한국의 국가건설과 발전의 주축으로 역할을 하며, 더불어 복지국가를 공유할 것을 생각할 때 이들의 식생활, 영양, 건강 문제 등을 심층적으로 파악하고 그 차이를 줄이기 위한 적절한 대책을 강구하는 연구과제는 필요하고도 시급한 과제임에 틀림없다. 따라서 본 연구에서는 통일 후 남북 통합세대의 주체가 될 어린이들의 영양문제 개선은 통일 전에 선결되어야 할 시급한 과제임을 강조하고, 북한 어린이의 영양, 건강 문제와 영양관련 법령과 정책을 심층적으로 파악, 남한과 비교 분석하였으며, 세계 여러 나라의 영양정책의 검토 등을 통해 통일 후 어린이 영양정책수립에 필요한 정보와 기초자료를 제공하고자 하였다.

2. 연구 방법

북한 주민을 대상으로 한 식생활과 영양관련 각종 문헌과 자료, 전문가 면담, 심포지엄, 세미나, 영양관련자 회의 및 연구진의 북한 방문을 통해서 북한관련 자료를 수집 분석하였다. 즉 북한의 어린이 식생활 및 영양 상태에 관련된 연구자료는 국제기구의 기술지원을 통해 수행된 북한 당국의 영양조사 보고서, 국제기구의 북한 상황조사 및 연차보고서(각 기구 홈페이지), 북한에서 발간되는 학술지 및 한국농촌경제연구원 KREI 북한농업동향, 한국개발연구원의 KDI 북한경제리뷰 등을 참고하였다. 북한에서 발간되는 학술지는 북한 과학기술네트워크를 통해 검색하였으며, 이 중 영양관련분야로 예방의학, 위생방역, 조선의학, 기초의학 4종을 검색하여 자료를 수집 분석하였다.

남한의 자료는 국민건강 · 영양조사보고서와 식생활과 영양관련 정부 부처에서 발행되는 자료, 영양관련학술지 및 각종 심포지엄과 워크숍 자료를 수집 분석하였다. 국제 및 외국 영양정책 자료는 해당기관의 홈페이지의 정보와 자료, 그리고 문헌을 통해 수집 분석하였다.

3. 북한의 어린이 식생활 실태와 영양정책 현황

북한 주민은 1일 2~3회 정도의 식사를 하고 있으나, 매끼 곡류와 채소류 위주의 식사를 하고 있으며 어 · 육류는 1개월에 1~2회 정도 섭취하는 것으로 나타났다. 절대적인 식량 부족 상황에서 에너지 섭취가 부족하며, 특히 에너지의 급원이 되는 3대 주요 영양소 중 지방급원의 섭취 수준이 낮았다. 성장기 어린이의 경우 총열량 섭취에 대한 지방의 섭취비율을 30%까지 권장하고 있는 점을 고려한다면, 북한 어린이는 지방의 섭취수준이 매우 낮아서 필수지방산 섭취 부족과 지용성 비타민의 이용률 저하 등의 영양문제가 제기될 수 있다. 특히 고기, 생선, 난류 등 동물성 식품의 섭취가 매우 낮아, 성장기 어린이에게 요구되는 양질의 단백질 섭취 부족으로 인한 영양불량문제가 예상된다. 북한어린이의 식생활문제는 식품섭취량의 절대부족과 다양한 식품 결여, 그리고 에너지 섭취 부족과 구성 영양소 비율의 불균형 및 미량영양소 섭취 부족으로 요약할 수 있다.

북한의 어린이 영양문제로는 성장지연 문제가 제기되었다. 어린이의 신체 성장은 전반적인 영양섭취 상태를 반영하는 종합적인 지표다. 북한 영유아의 키와 체중에 대한 성장평가를 통해 살펴보았을 때 만성영양불량을 반영하는 키 성장지연의 비율은 2004년 영양조사에서 37%로 나타나, 60% 이상을 나타내었던 1998년의 조사결과에 비해 크게 감소한 수준이나 여전히 영양불량의 위험이 높은 것으로 평가되고 있다. 그러나 전체적인 성장수준은 해마다 조금씩 향상되었다 해도 극심한 영양불량 상태로 판정되는 비율은 개선되지 않고 있었다. 특히 단백질과 에너지의 극단적인 결핍으로 마라스무스나 카시오커와 같은 임상증상을 동반하는 경우 단순한 영양지원이 아닌 치료적인 접근이 필요하다. 북한의 어린이 영양불량의 해소과정에서 키의 따라잡기 성장에 비해 체중의 따라잡기 성장이 상대적으로 쉽게 이루어지는 점을 고려할 때 또 다른 영양문제를 고려해야 한다. 탈북어린이와 청소년의 남한 입국

후 신체 성장 변화에 대한 연구 결과를 보면, 키 성장의 향상은 뚜렷하지 않은 반면, 체중의 회복은 빠르게 나타나며 오히려 비만도가 증가하는 양상을 보였다. 이는 북한의 전반적인 식량 사정의 회복과 나아가 통일 후 직면할 수 있는 국민건강문제에 시사하는 바가 크다.

전 세계적으로 미량영양소의 섭취 부족으로 인한 영양소 결핍증의 유병률이 높은 것으로 비타민 A, 철분, 요오드, 아연을 들 수 있다. 현재 북한 어린이의 미량영양소 섭취와 관련된 영양상태 평가에 대해서는 알려진 것이 없기 때문에 단정할 수는 없으나, 동물성 급원의 식품섭취가 매우 낮고 곡물과 채소류에 주로 의존하는 북한 주민의 식생활 실태로 미루어 볼 때, 특히 무기질의 양적 · 질적 섭취수준이 매우 불량할 것으로 추정된다. 1990년대 UN의 인도적 지원 초기에 비타민 A, D, 요오드 결핍으로 인한 야맹증, 구루병, 갑상선종의 임상증상이 관찰되었고, 1998년 조사에서 7세 미만의 영유아에서 빈혈 유병률이 32%로 나타났다. 이후 미량영양소 결핍증이 다소 개선되었다 할지라도 특히 비타민 A, 철분, 아연과 같은 영양소의 결핍은 성장기 어린이의 정상적인 성장과 면역능력에 크게 영향을 미치므로 주목할 필요가 있다.

북한 어린이에 관련된 영양정책을 입안, 수립하여 사업을 수행하는 주체는 북한당국, 남한 정부 및 국제사회를 들 수 있다. 북한당국의 영양정책 업무와 관련이 있는 것으로 과학기술, 농업, 산림, 수산에 관한 법령과 어린이와 관련된 법으로 어린이보육교양법이 있다. 북한의 행정기구 중 영양을 위한 정책 및 사업과 관련이 있는 기구로는 국가 과학원, 보건성과 산하 어린이 영양연구소, 농업성, 중앙통계국 등이 있다. 북한 당국은 주로 식량정책에 주력하여 왔으며, 식량생산 능력 향상을 위한 비료와 기술지원 그리고 가금류의 사육 장려, 국제기구를 통한 무상지원과 남한의 차관, 중국과 태국으로부터의 곡물 수입을 통해 필요량을 충족하고자 노력하고 있으나 아직도 북한의 전반적인 식량수급 사정은 매우 불안정하다고 생각된다.

북한의 기본적인 식량수급정책은 국가 배급제로, 식량을 비롯한 생활필수품은 국가의 지원을 통해 초저가로 공급되는 형태였으나, 식량 사정이 악화되면서 배급제는 유명무실해지고 2002년 7월 1일 국영시장에서 현물가로 구매하는 제도를 도입하였다. 그러나 현재에도 식량통제 목적으로 배급표와 배급체계는 유지하고 있다.

어린이 영양개선을 위한 사업의 중추적인 역할은 1984년 5월에 창립된 「어린이 영양관리 연구소」가 담당하고 있다고 추정되며, 영양불량 예방, 성장촉진과 지능발달, 영유아식을 위한 식품연구에 중점을 두고 있다. 북한은 어린이보육교양법을 통해 '제일 좋은 것을 어린이들에게' 라는 원칙을 세우고 국가가 이를 보장하며, 어머니가 어린이의 양육을 잘 할 수 있는 환경을 조성하도록 한다고 명시하고 있다. 그러나 식량 사정의 악화로 보육시설의 식량배급조차 제대로 이루어지지 못하는 실정에서 남한 또는 국제기구의 취약계층을 대상으로 하는 인도적 지원사업을 통한 식량 및 강화식품의 지원에 의존도가 상당히 높은 것으로 생각되지만 그 범위는 매우 제한적이다.

현재 북한에 상주하며 영양사업을 수행하고 있는 국제기구는 유엔아동기금(UNICEF), 국제연합식량농업기구(FAO), 세계식량계획(WFP), 세계보건기구(WHO) 등이 있다. 2005년 북한의 인도적 지원 철회 요청으로 대다수의 기구가 현지 사무소를 폐쇄, 철수하였으며 북핵문제 등 정치적 상황의 영향으로 국제사회의 지원이 크게 위축되어 현재 남아 있는 기구들의 사업규모도 축소되어 있는 형편이다. 현재는 북한의 개발지원 요청에 따라 북한 당국과 협의하여 역량강화를 위한 분야별 개발사업을 계획 추진하고 있다.

남한 정부는 민간단체의 활동을 통한 긴급구호 및 차관 형태로 인도주의적 차원에서 대북 식량지원사업을 추진해 왔다. 2008년 현재, 북한의 영유아 영양문제의 심각성과 중요성을 인식하고 이를 개선하기 위한 종합적인 사업을 계획하여 추진 중에 있다.

4. 남한의 어린이 식생활 실태와 영양정책 현황

2005년 국민건강 · 영양조사에서 어린이의 1일 식품섭취량을 보면 동물성 식품 섭취량이 증가하는 경향을 보였으며, 동물성 식품 중에서도 육류 및 그 제품 섭취량의 증가가 컸다. 따라서 총에너지 섭취량에 대한 동물성 단백질과 지방의 차지 비율이 증가하였다. 쌀의 섭취량이 감소하는 경향이 나타난 반면, 국수와 라면의 소비량은 늘어났다. 영양소 섭취에서 칼슘(78%)과 칼륨(55%)의 섭취는 부족한 반면에 단백질(242%)과 나트륨(262%)을 지나치게 많이 섭취하고 있어, 영양소별로 섭취부족과 과잉섭취의 양극화 현상을 보였다. 또한 어린이들이 탄산음료와 햄버거, 피자 등을 많이 섭취하는 문제가 지적되었다. 남한 어린이는 전반적으로는 양호한 영양상태를 보이나 영양불량의 양극화 현상은 소득의 격차 및 여러 가지 식행동의 차이에 기인하는 것으로 평가되었다. 남한의 어린이 영양소 섭취문제로는 총열량 섭취에 대한 지방의 섭취 비율이 높고 지방 중에서도 포화지방산의 섭취가 높았으며, 낮은 칼슘 섭취량과 높은 인 섭취량 등 영양소 간의 섭취 불균형을 들 수 있다.

북한 어린이와는 다른 양상의 영양문제로 남한 어린이의 식습관 및 식행동의 문제로 ① 아침 결식 ② 부적절한 간식 및 외식 ③ 인스턴트식품(라면, 햄버거, 후라이드 치킨 등)의 과다 섭취 ④ 영양방임의 식사환경을 들 수 있다. 이러한 식습관에 따라 소아비만, 빈혈, 치아우식증, 주의력결핍 · 과잉행동 등 영양과 관련된 건강문제가 제기되었다.

남한의 영양행정을 담당하고 있는 전담 조직이나 기관은 아직 설립되어 있지 않고 업무별로 각 부처에 산재되어 있으나, 현재 보건복지부 보건의료정책본부에서 국민영양사업의 기획업무를 담당하고 있으며, 1995년 마련된 '국민건강증진법'에 근거하여 영양행정을 수행하고 있다. 지방자치단체에서 영양행정은 시 · 도 보건과에서 맡고 있으며, 보건소에는 영양지도사가 활동하고 있다. 국가 차원의 영양관리를 뒷받침하는 관련 법률은 국민건강증진법, 식품위생법, 지역보건법, 학교급식법, 영유아보육법 및 건강기능식품에 관한 법률이 있다. 보건복지부에서 거의 모든 법령을 관장하고 있으나, 학교급식법은 교육인적자원부, 영유아보육법은 여성가족부, 식품위생법과 건강기능식품에 관한 법률은 보건복지부의 식품의약품안전청에서 주관하고 있다.

현재 남한의 대표적인 국가 영양 관련제도는 영양권장량(2005년 이후는 영양섭취기준) 설정과 국민건강 · 영양조사 실시, 식품의 영양표시, 국민건강증진종합계획(Health Plan 2010), 어린이 먹을거리 안전종합대책, 어린이 건강대책 등을 꼽을 수 있다. ① 국민건강증진종합계획에서는 영양개선사업의 일환으로 영유아, 임신 · 수유부, 어린이 및 청소년 등 4개 연령층에 대한 식생활실천지침을 설정한 바 있다. ② 어린이 먹을거리 안전종합대책에서는 식품의약품안전청이 2006년을 '어린이 먹을거리 안전 원년의 해'로 삼고 「안전한 식품, 바른 영양, 건강한 어린이」라는 비전을 가지고 2010년까지 건강 저해식품의 판매 근절, 어린이 기호식품의 안전성 확보, 단체급식의 위생과 품질 개선, 올바른 식품 선택권의 보장, 안전관리의 제도적 기반 구축 등

5개 분야별 10개 주요과제들을 추진할 계획이다. ③ 어린이 대상 주요 영양지원사업으로는 초 · 중 · 고생의 전면 학교급식사업, 저소득가정 학생 대상 학생중식지원사업, 결식아동 급식지원사업, 임산부 및 영유아 보충 영양관리사업 등이 시행되고 있다. 이외에도 푸드뱅크(Food Bank)사업은 생산, 유통, 판매, 사용과정의 잉여식품을 어려운 이웃에게 전달하여 유용하게 활용함으로써 식품 나눔 문화를 확산하고 식품자원도 낭비 없이 활용하기 위한 사업으로서, 1998년도부터 주요 국정과제로 선정되었다. 배분대상은 무료급식소, 독거노인, 모자 · 부자가정의 아동, 소년 · 소녀가장, 결식아동 등을 우선하여 지원하도록 권장하고 있다.

5. 외국의 어린이 영양정책

국제연합(UN)에서 2015년까지 Millennium Development Goals의 달성을 목표로 체계적이고 지속적인 노력을 기울이고 있다. "극심한 가난과 기아를 몰아내자"와 "유아 사망률을 감소시키자"는 어린이의 영양문제와 직접적으로 연결되는 목표다. 이러한 목표를 위해 적극적인 활동을 벌이고 있는 UN의 대표적인 기구로는 UNICEF와 WHO, World Bank 등을 들 수 있다.

일본에서의 어린이 영양정책으로는 "건강일본 21"을 들 수 있는데, 이는 영양 및 식생활 분야의 국가적 목표를 영양상태 및 영양소 섭취수준의 변화, 행동변화, 환경변화의 세 영역으로 나누어 제시하고 있다. 이 중 특히 어린이를 대상으로 한 목표로 아동 및 학생의 비만비율 감소와 아침결식률의 감소를 포함하고 있다. 특히 일본정부는 2005년 7월 식육기본법(食育基本法)의 제정을 계기로 어린이 영양의 중요성을 범국가적 차원에서 강조하고, 이를 개선하기 위한 다양한 정책을 내놓았다.

미국 정부의 국민건강증진을 위한 2010년까지의 목표와 전략을 담고 있는 'Healthy People 2010' 에는 28개의 중점영역이 명시되어 있다. 영양영역에는 18개의 세부목표가 제시되어 있는데, '과체중 또는 비만 아동 및 청소년의 수 감소' , '저소득층 영유아의 성장지연 감소' , '청소년과 젊은 여성의 철 결핍증 감소' , '양질의 학교급식을 제공받는 학생 수 증가' 가 있다. 미국 연방정부에서 영양정책을 펼치는 주요 부처는 농무성과 보건후생성이다.

독일의 영양정책을 보면, 통일 전 동서독과 현재의 남북한이 가지고 있는 영양문제가 상이하고 영양문제를 둘러싼 환경도 크게 다르지만, 독일의 사례는 자본주의 체제와 사회주의체제가 통합을 이룬 점에서, 미래의 통일한국의 영양정책의 기초자료로서 의미가 있을 것이다. 통일 직후 1992년 동독 주민의 47%가 건강이 양호하지 않다고 인식하였는데, 1997년에는 56%에 달하였으며, 통일 전 동독 주민의 키는 서독 주민에 비해 작았는데, 통일 후 10년에도 이러한 신장의 차이가 극복되지는 못했다. 독일의 통일은 정치, 경제, 사법, 행정 등 제 분야에 걸쳐 서독의 모든 제도가 그대로 동독에 이전되는 방식으로 이루어졌으며, 식생활 및 영양정책 또한 유사한 것으로 추정된다. 식생활 관련 사례 중의 하나로 동독에 존재하던 학교급식 제도 및 소금과 동물사료에 대한 요오드 강화가 통일과 함께 폐지됨으로써, 기존 동독 주민의 요오드 결핍이 영양학적 문제로 대두되기도 했다. 구동독의 경우, 'Central Institute of Nutrition'이라는 국립영양연구소가 있었다. 그러나 구서독에는 단일화된 영양연구소는 없었고, 대학, 병원, 농업관련조직, 연방연구관 등의 다양한 기관에서 영양연구가 진행되었었다. 통일 이후, National Science Council은 구동독의 모든 연구기관을 평가했는데, 그 결과 Central Institute of Nutrition을 통일 독일의 국가연구소로 유지하기로 결정되었고 이에 따라 1992년 "German Institute of Human Nutrition"이 공식적으로 설립되었으며, 이후 통일 독일의 영양 분야의 기초 및 응용연구를 수행하고 있다.

6. 통일 후 남북한 어린이의 영양문제 전망과 대책

어린이 영양문제를 정확히 파악하고 통일 이후의 영양상태를 전망하기에는 북한 당국 또는 국제기구에서 조사된 식생활 및 영양 관련 자료가 극히 폐쇄된 북한사회에서 얻어진 것으로 자료에 대한 신뢰성이 매우 취약하고 많은 제약점을 갖는다. 또한 한정된 측정지표와 분석자료를 근거로 장래 어린이의 식생활 환경변화를 예측하기는 거의 불가능하다.

이와 같은 제한점을 가지고 통일 후 어린이의 영양문제를 전망해 본다면, 현재까지 북한 어린이의 성장발달 지연과 영양불량이 심각한 상태이며, 국제기구 및 남한의 원조가 절대적으로 필요한 실정이다. 그러나 북한 당국에 어린이 영양관리연구소가 설치되어 있고, UNICEF를 비롯한 국제기구의 활동과 남한 정부의 대북지원 사업의 일부가 어린이 영양상태 개선에 초점을 맞추고 있는 점을 고려할 때, 어린이 영양상태는 점진적으로 개선될 것으로 전망된다.

한편 현재 남한 어린이의 평균적 영양소섭취량 및 영양상태는 대체로 양호한 편이나, 영양결핍에 따른 저체중과 영양과잉에 따른 비만과 만성질환 위험요소의 증가와 같은 영양상태의 양극화 현상이 현저하다. 앞으로 영양과잉 문제와 비만, 만성질환의 위험요소의 증가뿐 아니라 편식, 결식, 영양방임 등 다양한 식행동 문제가 제기될 것이다.

이와 같은 남북한 어린이의 전혀 다른 영양문제와 정책은 민족적 갈등을 야기할 가능성이 크므로 통일에 앞서 남북한의 격차를 최소한으로 줄이기 위한 노력이 반드시 필요하다. 통일 후 어린이 영양정책 수립 방향은 통일의 형태에 따라 여러 가지로 달라져야 할 것이지만, 현재의 상황을 고려하여 단기적 전략과 중 · 장기적 전략에 대하여 제안하였다.

단기적 전략으로는 첫째, 남북한 신뢰관계 및 인적 네트워크 구축으로 정부, 대북 영양사업 관련 단체(국내, 국제), 북한 어린이 영양관리영양소, 영양전문가 등의 인적 교류와 신뢰관계 및 협조체제를 구축하여야 할 것이다. 둘째, 각종 영양지원사업을 정부 주도 사업으로 전환하여 보다 종합적이고 체계적인 지원계획과 영양학적 증거에 근거한(evidence-based) 사업이 가능하도록 해야 한다. 이로써 여러 가지 사업들이 장기적인 정책을 고려한 틀 안에서 조정될 수 있어야 하고, 또 국제기구들의 인도적 차원에서의 영양지원사업들의 내용 파악이나 긴밀한 협력체제를 효과적으로 구축할 수 있을 것이다. 셋째, 대북 영양지원사업의 효과를 평가하고 모니터링할 수 있는 체계를 구축해야 할 것이다. 넷째, 단기적인 사업내용으로 선택과 집중을 원칙으로, 에너지 부족과 영양결핍증 해소를 일차 목표로 한다.

중 · 장기적 전략으로는 첫째, 우리 정부에 영양전담기구를 설치하여 각 부처에 산재되어 있는 국민영양증진 및 관련 업무를 전담할 수 있도록 하고, 그 안에 북한 주민의 영양문제를 다루는 부서를 설치하여 북한 당국의 직접적인 교류와 협의체로서 역할이 가능하도록 해야 할 것이다. 둘째, 북한 어린이 영양개선사업 지원은 지속성을 가지고 추진하여야 한다. 성장기 영양상태는 일생 동안 영향을 미치기 때문에 좋은 영양을 위한 적극적인 지원책을 마련하여야 하며, 저개발국의 성공적인 영양정책과 국내 저소득층의 생계보장사업 등을 면밀히 분석하여 정책을 개발하고 꾸준히 적용해 가는 것이 필요하다. 셋째, 국내에서 이루어지고 있는 각종 영양정책 및 관련사업의 일부에 북한 주민을 포함시킴으로써 통일 후 동일한 영양정책을 수립하는 데 도움을 줄 수 있을 것이다. 즉 국민건강 · 영양조사, 영양개선사업, 영양지원사업 등 영양관련사업에 북한 주민의 영양 개선에 일조할 수 있는 사업을 일부 포함시켜 통일 전에 식생활 및 영양적 격차를 최소화하도록 노력하여야 한다. 넷째는 북한의 식량 확보 관련 사업 개발과 자체 역량 강화를 위한 전략을 세워야 할 것이다. 즉 북한에서의 식량정책의 패러다임 변화는 상당히 급속하게 이루어질 전망이므로 식량 및 영양정책은 인도적 지원 차원에서 경제적 개발 차원으로의 전환과 협력체제가 필요할 것이다. 다섯째, 통일 후 남북한의 통합된 국민건강영양 증진 정책이 수립되어야 한다. 통일 후 남한 또는 북한의 어느 한쪽의 정책이나 혼합 정책이 통일한국에서 적용될 수 없으며, 새로운 틀 안에서 작성되어야 한다.

찾아보기

ㅇ

Abstract

Child Nutrition of the Unified Korea

Yeon-Sook Lee, Jihyun Yoon, Jae Eun Shim, Soojung Jang

Positioning 'child nutrition' as an area of critical investment in preparation for the unification of South and North Korea, the authors have tried to collect substantial data and information regarding child nutrition status and policy in both South and North Korea. Although limited in North Korea, all the accessible literature and experts with various positions on such issues were utilized as the resources. In addition, the nutritional policies and programs of international agencies of developed countries such as USA and Japan were briefly reviewed. In the context of nutrition and health issues after unification, the case of Germany was also studied. From the results of the investigation above, it was concluded that the nutritional status of North Korean children was so problematic and different from that of South Korean children that a systematic nutrition policy and support programs should be imperative. Finally, short- and long-term strategies were suggested for such policies. This book is the product of two years of research supported by the Unification Study Fund of Institute of Peace and Unification Studies at Seoul National University. The authors hope this book will provoke policy makers' interest in these issues so that more funds and efforts could be given to the area of nutrition policies and programs for North Korean children as well as South Korean children, the future citizens of the unified Korea.

| 저자 약력 |

이연숙(李連淑), Yeon-Sook Lee

서울대학교 농가정학과 학사
The University of Tokyo 석사, 박사(영양학)
Cornell University 및 North Carolina University 연구교수
서울대학교 생활과학연구소 소장
대한지역사회영양학회 회장
통일부 사회문화교류분과 정책자문위원
현, 서울대학교 생활과학대학 식품영양학과 교수

윤지현(尹芝賢), Jihyun Yoon

서울대학교 식품영양학과, 경영학과 학사
Iowa State University 석사(급식경영학)
Purdue University 박사(급식경영학)
미국 텍사스주 교육부 아동영양과 마케팅 프로그램 스페셜리스트
서울대학교 생활과학연구소 대북영양정책지원실 실장
통일부 인도협력분과 정책자문위원
일본 여자영양대학 급식·영양관리연구실 객원교수
현, 서울대학교 생활과학대학 식품영양학과 부교수

심재은(沈在恩), Jae Eun Shim

서울대학교 식품영양학과 학사, 석사, 박사(영양학)
서울대학교 생활과학연구소 연수연구원
단국대학교 자연과학대학 학술진흥재단 연수연구원
서울특별시 남부여성발전센터 교육팀장
서울대학교 생활과학연구소 선임연구원
현, University of Illinois at Urbana-Champaign,
Department of Kinesiology and Community Health 방문연구원

장수정(張水禎), Soojung Jang

서울대학교 농가정학과 학사, 석사
서울대학교 식품영양학과 박사(영양학)
현, 서울대학교 생활과학연구소 연수연구원